जैसे उनके दिन फिरे

हरिशंकर परसाई

भारतीय ज्ञानपीठ

भारतीय ज्ञानपीठ
लोकोदय ग्रन्थमाला : ग्रन्थांक 176

तेरहवाँ संस्करण : 2007
चौदहवाँ संस्करण : 2008
पन्द्रहवाँ संस्करण : 2011
सोलहवाँ संस्करण : 2012
सत्रहवाँ संस्करण : 2015
अठारहवाँ संस्करण : 2016
उन्नीसवाँ संस्करण : 2018
बीसवाँ संस्करण : 2022

प्रकाशक

वाणी प्रकाशन ग्रुप

4695, 21-ए, दरियागंज, नयी दिल्ली-110 002
फ़ोन : 011-23273167, 23275710
ईमेल : sales@vaniprakashan.in

ISBN : 978-93-5518-369-9

जैसे उनके दिन फिरे
(व्यंग्य)
हरिशंकर परसाई

JAISE UNKE DIN PHIRE
(Satire)
by Harishankar Parsai

मुद्रक : आर. टेक ऑफ़सेट प्रिंटर्स, दिल्ली-110 032

Twenteenth Edition : 2022

Price : INR. 200

यह न धार्मिक पुस्तक है, न पाठ्य पुस्तक—फिर-भी इसका एक और नया संस्करण हो रहा है । पुस्तक और ख़रीदने वाले पाठक दोनों को बधाई देता हूँ । आशा है, इससे अगला संस्करण भी जल्दी निकलेगा । कहानियों के बारे में न पहले कहा, न अब कहूँगा । व्यंग्य के सम्बन्ध में अपनी बात इसके बाद के संग्रह 'सदाचार का तावीज़' में कह दी है ।

हरिशंकर परसाई

अनुक्रम

जैसे उनके दिन फिरे

एक था राजा। राजा के चार लड़के थे। रानियाँ ? रानियाँ तो अनेक थीं, महल में एक 'पिंजरापोल' ही खुला था । पर बड़ी रानी ने बाक़ी रानियों के पुत्रों को ज़हर देकर मार डाला था । और इस बात से राजा साहब बहुत प्रसन्न हुए थे । क्योंकि वे नीतिवान् थे और जानते थे कि चाणक्य का आदेश है, "राजा अपने पुत्रों को भेड़िया समझे ।" बड़ी रानी के चारों लड़के जल्दी ही राजगद्दी पर बैठना चाहते थे, इसलिए राजा साहब को बूढ़ा होना पड़ा ।

एक दिन राजा साहब ने चारों पुत्रों को बुला कर कहा, "पुत्रो, मेरी अब चौथी अवस्था आ गयी है। दशरथ ने कान के पास के केश श्वेत होते ही राजगद्दी छोड़ दी थी । मेरे बाल खिचड़ी दिखते हैं, यद्यपि जब खिज़ाब घुल जाता है तब पूरा सिर श्वेत हो जाता है। मैं संन्यास लूँगा, तपस्या करूँगा । उस लोक को सुधारना है, ताकि तुम जब वहाँ आओ, तो तुम्हारे लिए मैं राजगद्दी तैयार रख सकूँ । आज मैंने तुम्हें यह बतलाने को बुलाया है कि गद्दी पर चार के बैठ सकने लायक जगह नहीं है। अगर किसी प्रकार चारों समा भी गये, तो आपस में धक्का-मुक्की होगी और सभी गिरोगे । मगर मैं दशरथ-सरीखी ग़लती भी नहीं करूँगा कि तुम में से किसी के साथ पक्षपात करूँ । मैं तुम्हारी परीक्षा लूँगा । तुम चारों आज ही राज्य से बाहर चले जाओ । ठीक एक साल बाद इसी फाल्गुन की पूर्णिमा को चारों दरबार में उपस्थित होना । मैं देखूँगा कि इस साल में किसने कितना धन कमाया और कौन-सी विशेष योग्यता प्राप्त की । तब मैं मन्त्री की सलाह से, जिसे सर्वोत्तम समझूँगा, राजगद्दी दे दूँगा ।"

"जो आज्ञा" कहकर चारों ने राजा साहब को भक्तिहीन प्रणाम किया और राज्य के बाहर चले गये ।

पड़ोसी राज्य में पहुँच कर चारों राजकुमारों ने चार रास्ते पकड़े और अपने पुरुषार्थ तथा किस्मत को आजमाने चल पड़े ।

ठीक एक साल बाद—

फाल्गुन की पूर्णिमा को राज-सभा में चारों लड़के हाज़िर हुए । राजसिंहासन पर राजा साहब विराजमान थे, उनके पास ही कुछ नीचे आसन पर प्रधानमन्त्री बैठे थे । आगे भाट, विदूषक और चाटुकार शोभा पा रहे थे।

राजा ने कहा, "पुत्रो ! आज एक साल पूरा हुआ और तुम सब यहाँ हाज़िर भी हो गये । मुझे उम्मीद थी कि इस एक साल में तुममें से तीन या तो बीमारी के शिकार हो जाओगे या कोई एक शेष तीनों को मार डालेगा और मेरी समस्या हल हो जायेगी । पर तुम चारों यहाँ खड़े हो । ख़ैर, अब तुममें से प्रत्येक मुझे बतलाये कि किसने इस एक साल में क्या काम किया, कितना धन कमाया और राजा के लिए आवश्यक कौन-सी योग्यता प्राप्त की?"

ऐसा कह कर राजा साहब ने बड़े पुत्र की ओर देखा ।

बड़ा पुत्र हाथ जोड़कर बोला, "पिता जी, मैं जब दूसरे राज्य में पहुँचा, तो मैंने विचार किया कि राजा के लिए ईमानदारी और परिश्रम बहुत आवश्यक गुण हैं । इसलिए मैं एक व्यापारी के यहाँ गया और उस के यहाँ बोरे ढ़ोने का काम करने लगा । पीठ पर मैंने एक वर्ष बोरे ढोये हैं, परिश्रम किया है। ईमानदारी से धन कमाया है । मज़दूरी में से बचाई हुई ये सौ स्वर्णमुद्राएँ ही मेरे पास हैं । मेरा विश्वास है कि ईमानदारी और परिश्रम ही राजा के लिए सबसे आवश्यक है और मुझ में ये हैं, इसलिए राजगद्दी का अधिकारी मैं हूँ।"

वह मौन हो गया । राज-सभा में सन्नाटा छा गया ।

राजा ने दूसरे पुत्र को संकेत किया । वह बोला, "पिताजी, मैंने राज्य से निकलने पर सोचा कि मैं राजकुमार हूँ, क्षत्रिय हूँ—क्षत्रिय बाहुबल पर भरोसा करता है । इसलिए मैंने पड़ोसी राज्य में जाकर डाकुओं का एक गिरोह संगठित किया और लूटमार करने लगा । धीरे-धीरे मुझे राज्य कर्मचारियों का सहयोग मिलने लगा और मेरा काम खूब अच्छा चलने लगा । बड़े भाई जिसके यहाँ काम करते थे, उसके यहाँ मैंने दो बार डाका डाला था । इस एक साल की कमाई में पाँच लाख स्वर्णमुद्राएँ मेरे पास हैं । मेरा विश्वास है कि राजा को साहसी और लुटेरा होना चाहिए, तभी वह राज्य का विस्तार कर सकता है । ये दोनों गुण मुझमें हैं, इसलिए मैं ही राजगद्दी का अधिकारी

हूँ ।''

पाँच लाख, सुनते ही दरबारियों की आँखें फटी-की-फटी रह गयीं ।

राजा के संकेत पर तीसरा कुमार बोला, ''देव, मैंने उस राज्य में जाकर व्यापार किया । राजधानी में मेरी बहुत बड़ी दूकान थी । मैं घी में मूँगफली का तेल और शक्कर में रेत मिलाकर बेचा करता था । मैंने राजा से लेकर मज़दूर तक को सालभर घी-शक्कर खिलाया । राज-कर्मचारी मुझे पकड़ते नहीं थे क्योंकि उन सब को मैं मुनाफ़े में से हिस्सा दिया करता था । एक बार स्वयं राजा ने मुझसे पूछा कि शक्कर में यह रेत-सरीखी क्या मिली रहती है ? मैंने उत्तर दिया कि करुणानिधान, यह विशेष प्रकार की उच्चकोटि की खदानों से प्राप्त शक्कर है, जो केवल राजा-महाराजाओं के लिए मैं विदेश से मँगाता हूँ। राजा यह सुनकर बहुत खुश हुए । बड़े भाई जिस सेठ के यहाँ बोरे ढोते थे, वह मेरा ही मिलावटी माल खाता था । और मँझले लुटेरे भाई को भी मूँगफली का तेल-मिला घी तथा रेत-मिली शक्कर मैंने खिलाई है । मेरा विश्वास है कि राजा को बेईमान और धूर्त होना चाहिए तभी उसका राज टिक सकता है । सीधे राजा को कोई एक दिन भी नहीं रहने देगा । मुझमें राजा के योग्य दोनों गुण हैं, इसलिए गद्दी का अधिकारी मैं हूँ । मेरी एक वर्ष की कमाई दस लाख स्वर्णमुद्राएँ मेरे पास हैं ।''

'दस लाख' सुनकर दरबारियों की आँखें और फट गयीं ।

राजा ने तब सब से छोटे कुमार की ओर देखा । छोटे कुमार की वेश-भूषा और भाव-भंगिमा तीनों से भिन्न थी । वह शरीर पर अत्यन्त सादे और मोटे कपड़े पहने था । पाँव और सिर नंगे थे । उसके मुख पर बड़ी सरलता और आँखों में बड़ी करुणा थी ।

वह बोला, ''देव, मैं जब दूसरे राज्य में पहुँचा तो मुझे पहले तो यह सूझा ही नहीं कि क्या करूँ । कई दिन मैं भूखा-प्यासा भटकता रहा । चलते-चलते एक दिन मैं एक अट्टालिका के सामने पहुँचा । उस पर लिखा था 'सेवा आश्रम' । मैं भीतर गया तो वहाँ का वैभव देखकर दंग रह गया। ऐसा ऐश्वर्य तो राज-भवन में भी नहीं है । वहाँ तीन-चार आदमी बैठे ढेर-की-ढेर स्वर्ण-मुद्राएँ गिन रहे थे । मैंने उनसे पूछा, 'भद्रो, तुम्हारा धन्धा क्या है ?'

''उनमें से एक बोला, 'त्याग और सेवा ।' मैंने कहा, 'भद्रो त्याग और

सेवा तो धर्म है । ये धन्धे कैसे हुए ?' वह आदमी चिढ़कर बोला, 'तेरी समझ में यह बात नहीं आयेगी । जा, अपना रास्ता ले ।'

''स्वर्ण पर मेरी ललचायी दृष्टि अटकी थी । मैंने पूछा, 'भद्रो, तुमने इतना स्वर्ण कैसे पाया ?'

''वही आदमी बोला, 'धन्धे से ।' मैंने पूछा, 'कौन-सा धन्धा ?'

''वह ग़ुस्से में बोला, 'अभी बताया न ! सेवा और त्याग । तू क्या बहरा है ?'

''उनमें से एक को मेरी दशा देख कर दया आ गयी । उसने कहा, 'तू क्या चाहता है ?'

''मैंने कहा, 'मैं भी आप का धन्धा सीखना चाहता हूँ । मैं भी बहुत-सा स्वर्ण कमाना चाहता हूँ ।'

''उस दयालु आदमी ने कहा, 'तो तू हमारे विद्यालय में भरती हो जा । हम एक सप्ताह में तुझे सेवा और त्याग के धन्धे में पारंगत कर देंगे । शुल्क कुछ नहीं लिया जायेगा, पर जब तेरा धन्धा चल पड़े, तब श्रद्धानुसार गुरुदक्षिणा दे देना ।'

''पिताजी, मैं सेवा-आश्रम में शिक्षा प्राप्त करने लगा । मैं वहाँ राजसी ठाठ से रहता, सुन्दर वस्त्र पहनता, सुस्वादु भोजन करता, सुन्दरियाँ पंखा झलतीं, सेवक हाथ जोड़े सामने खड़े रहते । अन्तिम दिन मुझे आश्रम के प्रधान ने बुलाया और कहा, 'वत्स, तू सब कलाएँ सीख गया । भगवान् का नाम लेकर कार्य आरम्भ कर दे ।' उन्होंने मुझे ये मोटे सस्ते वस्त्र दिये और कहा, 'बाहर इन्हें पहनना । कर्ण के कवच-कुण्डल की तरह ये बदनामी से तेरी रक्षा करेंगे । जब तक तेरी अपनी अट्टालिका नहीं बन जाती, तू इसी भवन में रह सकता है, जा, भगवान् तुझे सफलता दें ।'

''बस, मैंने उसी दिन 'मानव-सेवा-संघ' खोल दिया । प्रचार कर दिया कि मानव-मात्र की सेवा करने का बीड़ा हमने उठाया है । हमें समाज की उन्नति करना है, देश को आगे बढ़ाना है । ग़रीबों, भूखों, नंगों, अपाहिजों की हमें सहायता करनी है। हर व्यक्ति हमारे इस पुण्य-कार्य में हाथ बँटायें : हमें मानव-सेवा के लिए चन्दा दें । पिताजी, उस देश के निवासी बड़े भोले हैं । ऐसा कहने से वे चन्दा देने लगे । मझले भैया से भी मैंने चन्दा लिया

था, बड़े भैया के सेठ ने भी दिया और बड़े भैया ने भी पेट काट कर, दो मुद्राएँ रख दीं । लुटेरे भाई ने भी मेरे चेलों को एक सहस्र मुद्राएँ दी थीं । क्योंकि एक बार राजा के सैनिक जब उसे पकड़ने आये, तो उसे आश्रम में मेरे चेलों ने छिपा लिया था । पिताजी, राज्य का आधार धन है । राजा को प्रजा से धन वसूल करने की विद्या आनी चाहिए । प्रजा से प्रसन्नतापूर्वक धन खींच लेना, राजा का आवश्यक गुण है । उसे बिना नश्तर लगाए खून निकालना आना चाहिए । मुझमें यह गुण है, इसलिए मैं ही राजगद्दी का अधिकारी हूँ । मैंने इस एक साल में चन्दे से बीस लाख स्वर्ण-मुद्राएँ कमाईं जो मेरे पास हैं ।''

'बीस लाख' सुनते ही दरबारियों की आँखें इतनी फटीं कि कोरों से खून टपकने लगा ।

तब राजा ने मन्त्री से पूछा, ''मन्त्रिवर, आपकी क्या राय है ? चारों में कौन कुमार राजा होने के योग्य है ?''

मन्त्रिवर बोले, ''महाराज, इसे सारी राजसभा समझती है कि सब से छोटा कुमार ही सबसे योग्य है । उसने एक साल में बीस लाख मुद्राएँ इकट्ठी कीं । उसमें अपने गुणों के सिवा शेष तीनों कुमारों के गुण भी हैं—बड़े जैसा परिश्रम उसके पास है, दूसरे कुमार के समान वह साहसी और लुटेरा भी है। तीसरे के समान बेईमान और धूर्त भी । अतएव उसे ही राजगद्दी दी जाये।''

मन्त्री की बात सुनकर राजसभा ने ताली बजाई ।

दूसरे दिन छोटे राजकुमार का राज्याभिषेक हो गया । तीसरे दिन पड़ोसी राज्य की गुणवती राजकन्या से उसका विवाह भी हो गया । चौथे दिन मुनि की दया से उसे पुत्ररत्न प्राप्त हुआ और वह सुख से राज करने लगा ।

कहानी थी सो ख़त्म हुई । जैसे उनके दिन फिरे, वैसे सबके दिन फिरें।

□

इति श्री रिसर्चाय

सन् 1950 ईसवी—

बाबू गोपाल चन्द बड़े नेता थे, क्योंकि उन्होंने लेगों को समझाया था और लोग समझ भी गये थे कि अगर वे स्वतन्त्रता-संग्राम में दो बार जेल—'ए क्लास' में न जाते, तो भारत आज़ाद होता ही नहीं ।

तारीख़ 3 दिसम्बर 1950 की रात को बाबू गोपाल चन्द अपने भवन के तीसरे मंज़िल के सातवें कमरे में तीन फ़ीट ऊँचे पलंग के एक फ़ीट मोटे गद्दे पर करवटें बदल रहे थे । नहीं, किसी के कोमल कटाक्ष से विद्ध नहीं थे वे। वे योजना से पीड़ित थे । उन्होंने हाल ही में क़रीब चार लाख रुपया चन्दा करके स्वतन्त्रता-संग्राम के शहीदों की स्मृति में एक भव्य 'बलिस्मारक' का निर्माण करवाया था । वे उसके प्रवेश-द्वार पर देश-प्रेम और बलिदान की कोई कविता अंकित करना चाहते थे । उलझन यही थी कि वे पंक्तियाँ किस कवि की हों । स्वतन्त्रता-संग्राम में स्वयं जेल-यात्रा करनेवाले अनेक कवि थे, जिनकी ओजमय कविताएँ थीं और वे नयी लिखकर दे भी सकते थे । पर वे बाबू गोपाल चन्द को पसन्द नहीं थीं । उनमें शक्ति नहीं है, आत्मा का बल नहीं है, उनका मत था ।

परेशान होकर उन्होंने सिरहाने रखा ग्रन्थ निकाला 'अकबर बीरबल विनोद' और पढ़ने लगे एक क़िस्सा :

"...तब अकबर ने जग्गू ढीमर से कहा, 'देख रे, शहर में जो सब से सुन्दर लड़का हो उसे कल दरबार में लाकर हाज़िर करना, नहीं तो तेरा सिर काट लिया जाएगा ।' बादशाह का हुक्म सुनकर जग्गू ढीमर चिन्तित हुआ। आख़िर शहर का सबसे सुन्दर लड़का कैसे खोजे । वह घर की परछी में खाट पर बड़ा उदास पड़ा था कि इतने में उसकी स्त्री आयी । उसने पूछा, 'आज बड़े उदास दीखते हो । कोई बात हो गयी है क्या ?' जग्गू ने उसे अपनी उलझन बतायी । स्त्री ने कहा, 'बस, इतनी-सी बात । अरे अपने कल्लू को

ले जाओ । ऐसा सुन्दर लड़का शहर-भर में न मिलेगा ।' जग्गू को बात पटी। खुश होकर बोला, 'बताओ भला ! मेरी अक्ल में इतनी-सी बात न आयी । अपने कल्लू की बराबरी कौन कर सकता है ।' बस, दूसरे दिन कल्लू को दरबार में हाज़िर कर दिया गया । कल्लू खूब काला था । चेहरे पर चेचक के गहरे दाग़ थे । बड़ा-सा पेट, भिचरी-सी आँखें और चपटी नाक।''

क़िस्सा पढ़कर बाबू गोपाल चन्द ठीक जग्गू ढीमर की तरह प्रसन्न हुए। वे एकदम उठे और पुत्र को पुकारा, ''गोबरधन ! सो गया क्या ? ज़रा यहाँ तो आ ।''

गोबरधन दोस्तों के साथ शराब पीकर अभी लौटा था । लड़खड़ाता हुआ आया । गोपाल चन्द ने पूछा, ''क्यों रे, तू कविता लिखता है न ?'' गोबरधन अकबका गया । डरा कि अब डाँट पड़ेगी । बोला, ''नहीं बाबूजी, मैंने वह बुरी लत छोड़ दी है ।''

गोपाल चन्द ने समझाया, ''बेटा, डरो मत । सच बतलाओ । कविता लिखना तो अच्छी बात है ।'' गोबरधन की जान तो आधे रास्ते तक निकल गयी थी, फिर लौट आयी । कहने लगा, ''बाबूजी, पहले दस-पाँच लिखी थीं, पर लोगों ने मेरी प्रतिभा की उपेक्षा की । एक बार कवि-सम्मेलन में सुनाने लगा तो लोगों ने 'हूट' कर दिया । तब से मैंने नहीं लिखी ।''

गोपाल चन्द ने समझाया, ''बेटा, दुनिया हर 'जीनियस' के साथ ऐसा ही सलूक करती है । तेरी गूढ़ कविता को समझ नहीं पाते होंगे, इसलिए हँसते होंगे । तू मुझे कल चार पंक्तियाँ देशभक्ति और बलिदान के सम्बन्ध में लिखकर दे देना ।''

गोबरधन नीचे देखता हुए बोला, ''बाबूजी, मैंने इन हलके विषयों पर कभी नहीं लिखा । मैं तो प्रेम की कविता लिखता हूँ । जहूरन बाई के बारे में लिखी है, वह दे दूँ ?''

गोपाल चन्द गरम होते-होते बच गये । बड़े संयम से मीठे स्वर में बोले, ''आज कल बलिदान, त्याग और देश-प्रेम का फ़ैशन है । इन्हीं पर लिखना चाहिए । ग़रीबों की दुर्दशा पर भी लिखने की फ़ैशन चल पड़ी है । तू चाहे तो हर विषय पर लिख सकता है । तू कल शाम तक बलिदान और देश-प्रेम

के भावों वाली चार पंक्तियाँ मुझे जोड़कर दे दे । मैं उन्हें राष्ट्र के काम में लानेवाला हूँ ।''

''कहीं छपेंगी ?'' गोबरधन ने उत्सुकता से पूछा ।

''छपेंगी नहीं खुदेंगी, बलि-स्मारक के प्रवेश-द्वार पर ।'' गोपाल चन्द ने कहा ।

गोबरधन दास को प्रेरणा मिल गयी । उसने दूसरे दिन शाम तक चार पंक्तियाँ जोड़ दीं । गोपाल चन्द ने उन्हें पढ़ा तो हर्ष से उछल पड़े, ''वाह बेटा, तूने तो एक महाकाव्य का सार तत्त्व भर दिया है इन चार पक्तियों में। वाह···गागर में सागर !''

वे चार पंक्तियाँ तारीख़ 6 सितम्बर को 'बलि-स्मारक' के प्रवेश-द्वार पर खुद गयीं । नीचे कवि का नाम अंकित किया गया—गोबरधन दास ।

सन् 2950 ईसवी—

विश्वविद्यालय में हिन्दी-विभाग के शोध-कक्ष में डॉ. वीनसनन्दन अपने प्रिय छात्र रॉबर्ट मोहन के साथ चर्चा कर रहे थे । इस काल में अन्तरराष्ट्रीय नाम होने लगे । रॉबर्ट मोहन डॉ. वीनसनन्दन के निर्देश में बीसवीं शताब्दी की कविता पर शोध कर रहा था ।

मोहन बड़ी उत्तेजना में कह रहा था, ''सर, पुरातत्त्व विभाग में ऐसा 'क्लू' मिला है कि उस युग के सर्वश्रेष्ठ राष्ट्रीय कवि का मुझे पता लग गया है। हम लोग बड़े अन्धकार में चल रहे थे । परम्परा ने हमें सब ग़लत जानकारी दी हैं । निराला, पन्त, प्रसाद, माखनलाल चतुर्वेदी, दिनकर आदि कवियों के नाम हम तक आ गये हैं परन्तु उस कृतघ्न युग ने अपने सब से महान् राष्ट्रीय कवि को विस्मृत कर दिया । मैं विगत युग को प्रकाशित करनेवाला हूँ ।''

''तुम दम्भी हो ।'' डॉक्टर ने कहा ।

''तो आप मूर्ख हैं ।'' शिष्य ने उत्तर दिया । गुरु-शिष्य सम्बन्ध उस समय इस सीमा तक पहुँच गये थे । गुरु ने बात हँस कर सह ली । फिर बोले, ''रॉबर्ट, मुझे तू पूरी बात तो बता ।'' रॉबर्ट ने कहा, ''सर, हाल ही में सन् 1950 में निर्मित एक भव्य बलि-स्मारक ज़मीन के अन्दर से खोदा गया

है । शिलालेख से मालूम होता है कि वह भारत के स्वतन्त्रता-संग्राम में प्राणोत्सर्ग करनेवाले देश-भक्तों की स्मृति में निर्मित किया गया था । उसके प्रवेश-द्वार पर एक कवि की चार पंक्तियाँ अंकित मिली हैं । वह स्मारक देश में सबसे विशाल था । ऐसा मालूम होता है कि समूचे राष्ट्र ने इसके द्वारा शहीदों को श्रद्धांजलि अर्पित की थी । उस पर जिस कवि की कविता अंकित की गयी है, वह सबसे महान् कवि रहा होगा ।''

''क्या नाम है उस कवि का ?'' डॉक्टर साहब ने पूछा ।

''गोबरधनदास'', मोहन बोला । उसने काग़ज़ पर उतारी हुई वे पंक्तियाँ डॉक्टर साहब के सामने रख दीं ।

डॉक्टर साहब ने प्रसन्न मुद्रा में कहा, ''वाह, तुमने बड़ा काम किया है ।''

रॉबर्ट बोला, ''पर अब आगे आपकी मदद चाहिए । इस कवि की केवल चार पंक्तियाँ ही मिली हैं, शेष साहित्य के बारे में क्या लिखा जाये ?''

डॉक्टर साहब ने कहा, ''यह तो बहुत ही सहज है । लिखो, कि उन का शेष साहित्य काल के प्रवाह में बह गया । उस युग में कवियों में गुट-बन्दियाँ थीं । गोबरधनदास अत्यन्त सरल प्रकृति के, ग़रीब आदमी थे । वे एकान्त साधना किया करते थे । वे किसी गुट में सम्मिलित नहीं थे । इस लिए उस युग के साहित्यकारों ने उनके साथ बड़ा अन्याय किया । उनकी अवहेलना की गयी, उन्हें कोई प्रकाशक नहीं मिला । उनकी कुछ पुस्तकें प्रकाशित हुई थीं । पर अन्य कवियों ने प्रकाशकों से वे पुस्तकें ख़रीद कर जला दीं ।''

रॉबर्ट के मुख पर उल्लास छा गया । बोला, ''और यह भी लिख दूँ न कि इन्होंने सौ से ऊपर ग्रन्थ लिखे थे ।''

''हाँ, हाँ, बल्कि दो सौ । और यह भी लिखो कि उस समय देश-प्रेम से उन्मत्त जन-समूह गोबरधनदास की ओजपूर्ण कविताएँ गाता हुआ बलि-पथ पर बढ़ता था ।'' गुरु ने शोध आगे बढ़ाई ।

रॉबर्ट ने शंका की, ''लेकिन सर, वैसे देखा जाये तो ये पंक्तियाँ बहुत रद्दी हैं । निष्कर्ष ग़लत न हो जाये ?''

डॉक्टर साहब ने डाँटा, ''रॉबर्ट, तुम्हें शोध का सबसे पहला नियम नहीं आता । अरे, जो प्राचीन है वह सब से उत्तम है । बुरा केवल वर्तमान है ।

और शोध का प्रयोजन ही यह है कि जिस में जो चीज़ न हो, उसे खोजा जाये। इन पंक्तियों में काव्य-गुण नहीं है जो तुम्हें अपनी ओर से आरोपित करना होगा । महाकवि था । कोई हँसी-खेल नहीं है ।''

विद्यार्थी सहम गया।

डॉक्टर वीनस ने कहा, ''मगर रॉबर्ट, उस महापुरुष का उल्लेख होना चाहिए, जिसने महाकवि की प्रतिभा को परखा और भविष्य की पीढ़ियों के लिए कम-से-कम चार पंक्तियाँ तो सुरक्षित रखीं । कौन था उसका प्रमुख निर्माता ?''

रॉबर्ट ने काग़ज़ देख कर बताया, ''एक नेता था, बाबू गोपाल चन्द।''

''महान् था वह ।'' डॉक्टर ने आँखें बन्द करके कहा, ''उस गुटबन्दी के युग में उपेक्षित प्रतिभा को इस तरह पहचानना और उसे मान्यता देना, किसी विराट् आत्मा का ही कार्य हो सकता है । मुझे लगता है, महात्मा गोपाल चन्द ने ही उस ग़रीब महाकवि को आश्रय दिया होगा और ऐसा करने से वह उस काल के कवियों के कोप का भाजन बना होगा । अन्य कवियों ने ईर्ष्या-वश उसकी निन्दा की होगी । पत्रों में उसके खिलाफ़ लिखा होगा। उस सत्याग्रह के युग में कवियों ने उसके द्वार पर अनशन कर दिया हो, तो कोई आश्चर्य नहीं । मेरे पास प्रमाण है, निराला ने 'कुकुरमुत्ता' नामक कविता इसी बात से कुढ़ कर लिखी होगी । दिनकर जी के 'कस्मै देवाय हविषा विधेम' में भी यही प्रश्न है । शोध अनुमान पर चलती है ।''

और रॉबर्ट मोहन की क्रान्तिकारी खोज प्रकाशित हुई जिसके द्वारा विश्व ने 20वीं शताब्दी के सबसे महान् राष्ट्रीय कवि को जाना, गोबरधनदास को ।

□

भेड़ें और भेड़िये

एक बार एक वन के पशुओं को ऐसा लगा कि वे सभ्यता के उस स्तर पर पहुँच गये हैं, जहाँ उन्हें एक अच्छी शासन-व्यवस्था अपनानी चाहिए ।

और, एक मत से यह तय हो गया कि वन-प्रदेश में प्रजातन्त्र की स्थापना हो ।

शीघ्र ही एक समिति बैठी, शीघ्र ही एक विधान बन गया और शीघ्र ही एक पंचायत के निर्माण की घोषणा हो गयी, जिसमें वन के तमाम पशुओं के द्वारा निर्वाचित प्रतिनिधि हों और जो वन-प्रदेश के लिए क़ानून बनाये और शासन करे ।

पशु-समाज में इस 'क्रान्तिकारी' परिवर्तन से हर्ष की लहर दौड़ गयी कि सुख, समृद्धि और सुरक्षा का स्वर्ण-युग अब आया और वह आया ।

जिस वन-प्रदेश में हमारी कहानी ने चरण धरे हैं, उसमें भेड़ें बहुत थीं—निहायत नेक, ईमानदार, कोमल, विनयी, दयालु, निर्दोष पशु, जो घास तक को फूँक-फूँक कर खाता है ।

भेड़ों ने सोचा कि अब हमारा भय दूर हो जायेगा । हम अपने प्रतिनिधियों से क़ानून बनवायेंगे कि कोई जीवधारी किसी को न सताये, न मारे । सब जियें और जीने दें । शान्ति, स्नेह, बन्धुत्व और सहयोग पर समाज आधारित हो ।

और, इधर भेड़ियों ने सोचा कि हमारा अब संकटकाल आया । भेड़ों की संख्या इतनी अधिक है कि पंचायत में उनका ही बहुमत होगा और अगर उन्होंने क़ानून बना दिया कि कोई पशु किसी को न मारे, तो हम खायेंगे क्या? क्या हमें घास चबाना सीखना पड़ेगा ?

ज्यों-ज्यों चुनाव समीप आता, भेड़ों का उल्लास बढ़ता जाता ।

ज्यों-ज्यों चुनाव समीप आता, भेड़ियों का दिल बैठता जाता ।

एक दिन बूढ़े सियार ने भेड़िये से कहा, "मालिक, आजकल आप बड़े

उदास रहते हो !''

हर भेड़िये के आस-पास दो-चार सियार रहते ही हैं । जब भेड़िया अपना शिकार खा लेता है, तब ये सियार हड्डियों में लगे मांस को कुतर खाते हैं, और हड्डियाँ चूसते रहते हैं । ये भेड़िये के आस-पास दुम हिलाते चलते हैं, उसकी सेवा करते हैं, और मौक़े-बेमौक़े 'हुआँ-हुआँ' चिल्लाकर उसकी जय बोलते हैं ।

तो बूढ़े सियार ने गम्भीरता से पूछा, ''महाराज, आप के मुखचन्द्र पर चिन्ता के मेघ क्यों छाये हैं ?'' वह सियार कुछ कविता भी करना जानता होगा या शायद दूसरे की उक्ति को अपनी बना कर कहता हो ।

ख़ैर, भेड़िये ने कहा, ''तुझे क्या मालूम नहीं है कि वन-प्रदेश में नयी सरकार बननेवाली है ? हमारा राज तो अब चला ।''

सियार ने दाँत निपोर कर कहा, ''हम क्या जानें महाराज ! हमारे तो आप ही 'माई-बाप' हो । हम तो कोई और सरकार नहीं जानते । आप का दिया खाते हैं, आप का गुन गाते हैं ।''

भेड़िये ने कहा, ''मगर अब समय ऐसा आ रहा है कि सूखी हड्डियाँ भी चबाने को नहीं मिलेंगी ।''

सियार सब जानता था, मगर जान कर भी न जानने का-नाटक करना न आता, तो सियार शेर न हो गया होता !

आख़िर भेड़िये ने वन-प्रदेश के पंचायत के चुनाव की बात बूढ़े सियार को समझायी और बड़े गिरे मन से कहा, ''चुनाव अब पास आता जा रहा है। अब यहाँ से भागने के सिवा कोई चारा नहीं है । पर जायें भी कहाँ ?''

सियार ने कहा, ''मालिक, सरकस में भरती हो जाइए ।''

भेड़िये ने कहा, ''अरे, वहाँ भी शेर और रीछ को तो ले लेते हैं, पर हम इतने बदनाम हैं कि हमें वहाँ भी कोई नहीं पूछता ।''

''तो,'' सियार ने खूब सोच कह कहा, ''अजायब घर में चले जाइए ।''

भेड़िये ने कहा, ''अरे वहाँ भी जगह नहीं है । सुना है वहाँ तो आदमी रखे जाने लगे ।''

बूढ़ा सियार अब ध्यानमग्न हो गया । उसने एक आँख बन्द की, नीचे के होंठ को ऊपर के दाँत से दबाया और एकटक आकाश की तरफ़ देखने

लगा जैसे विश्वात्मा से कनेक्शन जोड़ रहा हो । फिर बोला, ''बस सब समझ में आ गया । मालिक, अगर पंचायत में आप की भेड़िया जाति का बहुमत हो जाये तो ?''

भेड़िया चिढ़ कर बोला, ''कहाँ की आसमानी बात करता है ? अरे हमारी जाति कुल दस फ़ीसदी है और भेड़ें तथा अन्य छोटे पशु नब्बे फ़ीसदी । भला वे हमें काहे को चुनेंगे । अरे कहीं ज़िन्दगी अपने को मौत के हाथ सौंप सकती है ? मगर हाँ, ऐसा हो सकता तो क्या बात थी ?''

बूढ़ा सियार बोला, ''आप खिन्न मत होइए सरकार ! एक दिन का समय दीजिए । कल तक कोई योजना बन ही जायेगी । मगर एक बात है । आप को मेरे कहे अनुसार कार्य करना पड़ेगा ।''

मुसीबत में फँसे भेड़िये ने आख़िर सियार को अपना गुरु माना और आज्ञापालन की शपथ ली ।

दूसरे दिन बूढ़ा सियार अपने साथ तीन सियारों को लेकर आया । उनमें से उसने एक को पीले रंग में रंग दिया था, दूसरे को नीले में और तीसरे को हरे में।

भेड़िये ने देखा और पूछा, ''अरे ये कौन हैं ?''

बूढ़ा सियार बोला, ''ये भी सियार हैं सरकार, रंगे सियार हैं । आपकी सेवा करेंगे । आपके चुनाव का प्रचार करेंगे ।''

भेड़िये ने शंका की, ''मगर इनकी बात मानेगा कौन ? ये तो वैसे ही छल-कपट के लिए बदनाम हैं ।''

सियार ने भेड़िये का हाथ चूम कर कहा, ''बड़े भोले हैं आप सरकार ! अरे मालिक, रूप-रंग बदल देने से तो, सुना है आदमी तक बदल जाते हैं । फिर ये तो सियार हैं ।''

और, तब बूढ़े सियार ने भेड़िये का भी रूप बदला । मस्तक पर तिलक लगाया, गले में कण्ठी पहनायी और मुँह में घास के तिनके खोंस दिये । बोला, ''अब आप पूरे सन्त हो गये । अब भेड़ों की सभा में चलेंगे । मगर तीन बातों का ख़याल रखना—अपनी हिंसक आँखों को ऊपर मत उठाना, हमेशा जमीन की ओर देखना । और कुछ बोलना मत, नहीं तो सब पोल खुल जायेगी । और वहाँ बहुत-सी भेड़ें आयेंगी, सुन्दर-सुन्दर, मुलायम-

मुलायम। तो कहीं किसी को तोड़ मत खाना ।''

भेड़िया ने पूछा, ''लेकिन ये रंगे सियार क्या करेंगे ? ये किस काम आयेंगे ?''

बूढ़ा सियार बोला, ''ये बड़े काम के हैं । आपका सारा प्रचार तो ये ही करेंगे । इन्हीं के बल पर आप चुनाव लड़ेंगे । यह पीलावाला बड़ा विद्वान् है, विचारक है, कवि भी है, लेखक भी । यह नीला सियार नेता और पत्रकार है । और यह हरा धर्मगुरु है । बस, अब चलो ।''

''ज़रा ठहरो !'' भेड़िये ने बूढ़े सियार को रोका, ''कवि, लेखक, नेता, विचारक—ये तो सुना है बड़े अच्छे लोग होते हैं । और ये तीनों...''

बात काट कर सियार बोला, ''ये तीनों सच्चे नहीं हैं, रंगे हुए हैं महाराज! अब चलिए, देर मत करिए ।''

और वे चले । आगे बूढ़ा सियार था, उसके पीछे रंगे सियारों के बीच भेड़िया चल रहा था—मस्तक पर तिलक, गले में कण्ठी, मुख में घास के तिनके । धीरे-धीरे चल रहा था, अत्यन्त गम्भीरता पूर्वक, सिर झुकाये, विनय की मूर्ति !

उधर एक स्थान पर सहस्रों भेड़ें इकट्ठी हो गयी थीं, उस सन्त के दर्शन के लिए जिसकी चर्चा बूढ़े सियार ने फैला रखी थी ।

चारों सियार भेड़िये की जय बोलते हुए भेड़ों के झुण्ड के पास आये ।

बूढ़े सियार ने एक बार ज़ोर से सन्त भेड़िये की जय बोली ! भेड़ों में पहले से ही यहाँ-वहाँ बैठे सियारों ने भी जय-ध्वनि की ।

भेड़ों ने देखा तो बोलीं, ''अरे भागो, यह तो भेड़िया है ।''

तुरन्त बूढ़े सियार ने उन्हें रोक कर कहा, ''भाइयो और बहनो ! अब भय मत करो । भेड़िया राजा सन्त हो गये हैं । उन्होंने हिंसा बिलकुल छोड़ दी है । उनका 'हृदय-परिवर्तन' हो गया है । वे आज सात दिनों से घास खा रहे है । रात-दिन भगवान् के भजन और परोपकार में लगे रहते हैं । उन्होंने अपना जीवन जीव-मात्र की सेवा के लिए अर्पित कर दिया है । अब वे किसी का दिल नहीं दुखाते; किसी का रोम तक नहीं छूते । भेड़ों से उन्हें विशेष प्रेम है । इस जाति ने जो कष्ट सहे हैं, उनकी याद करके अभी भी भेड़िया सन्त की आँखों में आँसू आ जाते हैं । उनकी अपनी भेड़िया जाति

ने जो अत्याचार आप पर किये हैं उनके कारण भेड़िया सन्त का माथा लज्जा से जो झुका है, सो झुका ही हुआ है। परन्तु अब वे शेष जीवन आपकी सेवा में लगा कर तमाम पापों का प्रायश्चित्त करेंगे । आज सवेरे की ही बात है कि एक मासूम भेड़ के बच्चे के पाँव में काँटा लग गया, तो भेड़िया सन्त ने उसे दाँतों से निकाला; दाँतों से ! पर जब वह बेचारा कष्ट से चल बसा, तो भेड़िया सन्त ने सम्मानपूर्वक उसकी अन्त्येष्टि क्रिया की ! उनके घर के पास जो हड्डियों का ढेर लगा है, उसके दान की घोषणा उन्होंने आज ही सवेरे की है । अब तो वे सर्वस्व त्याग चुके हैं। अब आप उनसे भय मत करो। उन्हें अपना भाई समझो । बोलो सब मिल कर सन्त भेड़िया जी की जय !''

भेड़िया जी अभी तक उसी तरह गरदन डाले विनय की मूर्ति बने बैठे थे। बीच में कभी-कभी सामने की ओर इकट्ठी भेड़ों को देख लेते और टपकती हुई लार को गुटक जाते ।

बूढ़ा सियार फिर बोला, ''भाइयो और बहनो, मैं भेड़िया सन्त से अपने मुखारविन्द से आपको प्रेम और दया का सन्देश देने की प्रार्थना करता पर प्रेम-वश उनका हृदय भर आया है, वे गद्गद हो गये हैं और भावातिरेक से उनका कण्ठ अवरुद्ध हो गया है । वे बोल नहीं सकते । अब आप इन तीनों रंगीन प्राणियों को देखिए । आप उन्हें न पहचान पाये होंगे । पहचानें भी कैसे ? ये इस लोक के जीव तो है नहीं । ये तो स्वर्ग के देवता हैं जो हमें सदुपदेश देने के लिए पृथ्वी पर उतरते हैं । ये पीले विचारक हैं, कवि हैं, लेखक हैं । नीले नेता हैं और स्वर्ग के पत्रकार हैं । और हरे वाले धर्मगुरु हैं । अब कविराज आपको स्वर्ग संगीत सुनायेंगे । हाँ कवि जी…''

पीले सियार को 'हुआँ-हुआँ' के सिवा कुछ और तो आता ही नहीं था। 'हुआँ-हुआँ' चिल्ला दिया । शेष सियार भी 'हुआँ-हुआँ' बोल पड़े ।

बूढ़े सियार ने आँख के इशारे से शेष सियारों को मना किया और चतुराई से बात को यों कह कर सँभाला, ''भाई कवि जी तो क़ोरस में गीत आते हैं। पर कुछ समझे आप लोग ? कैसे समझ सकते हैं ? अरे, कवि की बात सब की समझ में आ जाये तो वह कवि काहे का ? उनकी कविता में से शाश्वत के स्वर फूट रहे हैं । वे कह रहे हैं कि जैसे स्वर्ग में परमात्मा वैसे ही पृथ्वी पर भेड़िया। हे भेड़िया जी, हे महान् ! आप सर्वत्र व्याप्त हैं, सर्व शक्तिमान्

हैं। प्रातःकाल सन्ध्या आपके मस्तक पर तिलक करती है, साँझ को ऊषा आपका मुख चूमती है, पवन आपकी अग्नि पर पंखा करता है, और रात्रि को आपकी ही ज्योति लक्ष-लक्ष खण्ड हो कर आकाश में तारे बन कर चमकती है। हे विराट् ! आप के चरणों में इस क्षुद्र का प्रणाम है ।''

फिर नीले रंग के सियार ने कहा, ''निर्बलों की रक्षा बलवान् ही कर सकते हैं। भेड़ें कोमल हैं, निर्बल हैं, अपनी रक्षा नहीं कर सकतीं । भेड़िया बलवान् है, इसलिए उसके हाथ में अपने हितों को छोड़ निश्चिन्त हो जाओ। वह भी तुम्हारा भाई है । आप एक ही जाति के हो। तुम भेड़, वह भेड़िया। कितना कम अन्तर है ! और बेचारा भेड़िया व्यर्थ ही बदनाम कर दिया गया है कि वह भेड़ों को खाता है । अरे खाते और हैं, हड्डी उसके द्वार पर फेंक जाते हैं। ये व्यर्थ बदनाम होते हैं । तुम लोग तो पंचायत में बोल भी नहीं पाओगे। भेड़िया बलवान् है। यदि तुम पर कोई अन्याय होगा, तो डट कर लड़ेगा । इसलिए अपनी हित-रक्षा के लिए भेड़ियों को चुन कर पंचायत में भेजो। बोलो सन्त भेड़िया की जय ।''

फिर हरे रंग के धर्म-गुरु ने उपदेश दिया, ''जो यहाँ त्याग करेगा, वह उस लोक में पायेगा । जो यहाँ दुःख भोगेगा, वह वहाँ सुख पायेगा। जो यहाँ राजा बनायेगा। वह वहाँ राजा बनेगा । जो यहाँ वोट देगा, वह वहाँ 'वोट' पायेगा । इसलिए सब मिल कर भेड़िया को वोट दो। वे दानी हैं, परोपकारी हैं, सन्त हैं । मैं उनको प्रणाम करता हूँ ।''

यह एक भेड़िये की कथा नहीं है, यह सब भेड़ियों की कथा है। सब जगह इस प्रकार हो गया और भेड़ों को विश्वास हो गया कि भेड़िये से बड़ा उनका कोई हित-चिन्तक और हित-रक्षक नहीं है ।

और अब पंचायत का चुनाव हुआ तो भेड़ों ने अपनी हित-रक्षा के लिए भेड़ियों को चुना ।

और पंचायत में भेड़ों के हितों की रक्षा के लिए भेड़िये प्रतिनिधि बन कर गये ।

और पंचायत में भेड़ियों ने भेड़ों की भलाई के लिए पहला क़ानून यह बनाया—

हर भेड़िये को सवेरे नाश्ते के लिए भेड़ का एक मुलायम बच्चा दिया

जाये, दोपहर के भोजन में एक पूरी भेड़ तथा शाम को स्वास्थ्य के ख़याल से कम खाना चाहिए, इसलिए आधी भेड़ दी जाये ।

□

चार बेटे

बुढ़ऊ टस से मस नहीं हो रहे थे ।

बड़े-बड़े देवता, ज्ञानी ऋषि-मुनि समझा कर हार गये पर बुढ़ऊ कहते ही रहे, "मैं उस कुलटा का मुँह नहीं देखूँगा । हर तीजा पर रतजगा करती थी, रोज़ पूजा-पाठ करती थी, उपवास और व्रत करती थी और वरदान माँगती थी कि मुझे जनम-जनम में यही पति मिलें । बड़ी पतिव्रता बनी फिरती थी। अब मेरी आँखें खुलीं । उसने मुझे जीवन-भर धोखा दिया । हाय रे तिरिया-चरित्र !"

पचहत्तर वर्ष पूरे करके बुढ़ऊ हाल ही में पुण्य-प्रताप से स्वर्ग आये । यों स्वर्ग-प्राप्ति के लिए पुण्य आवश्यक नहीं है; कभी-कभी सिफ़ारिश से या 'फ्लूक' में स्वर्ग मिल जाता है, इसके भी उदाहरण हैं। अजामिल डाकू ने ज़िन्दगी-भर तो नरक की तैयारी की, पर मरते वक्त अपने बेटे 'नारायण' को पुकारा । नारायण समझे कि मुझे स्मरण किया है । बस, उसे सीधा स्वर्ग भेज दिया । नाम की बड़ी कमज़ोरी होती है बड़ों में ।

बुढ़ऊ कैसे आये, यह नहीं कहा जा सकता, पर उन्होंने यहाँ स्वर्ग में भी अपने लिए नरक निर्मित कर लिया था । आदमी क्या नहीं बना लेता । गेहूँ से रोटी भी बना लेता है और शराब भी ।

बुढ़िया उनसे एक माह पहले ही आ गयी थी । पृथ्वी पर लोगों का विश्वास था कि यह सच्ची पतिव्रता का लक्षण है । वह पहले पहुँच गयी और जब वहाँ चूल्हा-चक्की जमा लिये, तब बुढ़ऊ भी पहुँच गये ।

यह सच था कि वे आदर्श पति-पत्नी थे । पचास साल तो कोई फ़रिश्ते के साथ भी नहीं काट सकता । पर इतने लम्बे दाम्पत्य-जीवन में आपस में उनमें कभी भी झगड़ा नहीं हुआ । गृहस्थ धर्म की एक ज़रूरी रस्म पत्नी को पीटने की होती है, पर बुढ़ऊ ने इस पवित्र प्रथा के निर्वाह के लिए भी कभी बुढ़िया को गुलाब की छड़ी तक से नहीं हुआ ।

पर यहाँ आये एक महीना ही हुआ था कि बुढ़ऊ ने बुढ़िया को गालियाँ देकर घर से निकाल दिया । पृथ्वी पर तो काम के मारे लड़ने की फ़ुरसत नहीं मिलती थी, पर यहाँ तो अनन्त निठल्लापन था । खूब कलह हुई । बुढ़ऊ ने पत्नी को पहले तो गालियाँ दीं, पर जीवन में कभी इसका अभ्यास न होने के कारण, जब गाली नहीं सूझती, तो वे हाथ चला देते । बुढ़िया बेचारी हाथ जोड़ती, पाँव पकड़ती, क़समें खाती, पर पति का क्रोध बढ़ता ही जाता । आख़िर बुढ़ऊ ने उसे घर से निकाल दिया और स्वयं एक कोने में माथा ठोंक कर बैठ गये ।

जब साधारण देवता मनाते-मनाते हार गये, तब इन्द्र आये । बोले, ''बाबा, जानते हो, यह स्वर्ग है ?'' मन का दर्द था इन शब्दों में ।

बुढ़ऊ ने क्रोध से कहा, ''हाँ, जानता हूँ । मुझे यहाँ बुलाकर कोई अहसान नहीं किया है । अपने पुण्य की दम पर आया हूँ ।''

इन्द्र नरम पड़ गये । कहने लगे, ''सो तो ठीक है, पर मेरे कहने का मलतब है कि यहाँ ऐसा व्यवहार शोभा नहीं देता ।''

बुढ़ऊ बड़ी कटु हँसी हँसे । उत्तर दिया, ''यह भी जानता हूँ कि यहाँ कुलटाओं को घर में रखना शोभा देता है । पर मैं तुम्हारी चाल नहीं चलूँगा। उस कुलटा का मैं नाम भी नहीं सुनना चाहता ।''

इन्द्र समझ गये कि इनकी बुद्धि में विकार आ गया है । बुद्धि को अपने क्षेत्र से बाहर मान कर इन्द्र ने देवों के गुरु बृहस्पति को उन्हें समझाने भेजा।

बृहस्पति बुद्धिमान् थे, इसलिए बड़ी नम्रता से कहा, ''बाबा, आप जैसा धर्मात्मा यहाँ शताब्दियों बाद आया है । वरना यहाँ असंख्य पापी छल से प्रवेश कर जाते हैं ।''

प्रशंसा की दवा से बुढ़ऊ का पित्त कुछ शान्त हुआ ।

बृहस्पति ने कहा, ''पर आप व्यर्थ का झंझट क्यों खड़ा करते हैं ? थोड़े समय तो यहाँ आपको रहना है । फिर तो आप जंगल दफ़्तर के बाबू के रूप में संसार में भेजे जायेंगे ।''

''क्यों ?'' बुढ़ऊ ने बड़ी चिन्ता से पूछा ।

बृहस्पति ने समाधान किया, ''इसलिए कि आप-जैसे कर्मशील व्यक्ति का निर्वाह इन आलसियों में कैसे होगा । इसीलिए कहता हूँ कि जब थोड़े ही

दिन यहाँ रहना है, तो क्यों आपस में झगड़ते हो ? उसे बुला लो ।''

बुढ़ऊ की ढीली पड़ती हुई भृकुटि फिर तन गयी । बोले, ''नहीं, यह हरगिज़ नहीं हो सकता ।''

बृहस्पति ने पैंतरा बदला । बोले, ''आप नहीं मानेंगे, तो आपके जीवन-कर्मों की जाँच होगी । तब कहीं यह मालूम हुआ कि आपके पचास बीघा पाँच सौ कैसे हो गये और जिस मकान में आप रहते थे, उसके आसपास के मक़ान भी आपके क़ब्जे में कैसे आ गये, तो ज़रा उलझन में पड़ जाओगे। इसलिए मेरी सलाह है कि निभा लो ।''

बुढ़ऊ को ग़ुस्सा आया । कहने लगे, ''यह धमकी किसी और को देना। मैंने जो कुछ कमाया, मेहनत और ईमानदारी से । कह दिया कि मैंने उस कुलटा को हमेशा के लिए त्याग दिया । बस, अब मैं कुछ नहीं सुनना चाहता।''

बृहस्पति ने उसी प्रकार शान्ति से कहा, ''देखो बाबा, तुम्हारे त्यागने से कुछ नहीं होगा । बुढ़िया पतिव्रता है और उसने अपनी भक्ति से यह वरदान पा लिया है कि तुम्हीं सात जनमों तक उसके पति होगे ।''

बुढ़ऊ ने त्यौरी बदलकर कहा, ''ऐसा नहीं हो सकता । यह धाँधली है। ऐसी धाँधली तो मैंने हमारे यहाँ की कचहरी में भी नहीं देखी । सुनो, मेरे साथ यह धाँधली नहीं चलेगी ।''

बृहस्पति ने फिर पैंतरा बदला, ''बात यह है कि तुम्हारे मन में सन्देह समा गया है । पर सन्देह की भी दवा है । तुम बुढ़िया की अग्नि-परीक्षा ले लो । अग्नि-परीक्षा की प्रथा तो सनातन है । त्रेता में भगवती सीता ने भी अग्नि-परीक्षा दी थी ।''

बुढ़ऊ भी एक ही काँइयाँ थे । बृहस्पति को पकड़ा—''फिर भी राम ने उन्हें त्याग तो दिया ।''

बृहस्पति ने समाधान किया, ''इसलिए थोड़े त्यागा कि उन्हें सीता पर विश्वास नहीं था; बल्कि इसलिए कि वे मर्यादा-पुरुषोत्तम थे और उन्हें एक आदर्श उपस्थित करना था । पर आपके सामने तो आदर्श वग़ैरह की झंझट है ही नहीं । आप अग्नि-परीक्षा ले कर उसे स्वीकार करो ।''

बुढ़ऊ ने कहा, ''अग्नि-परीक्षा में भी विश्वास नहीं है । जब लड़के ही

कहते हैं, तब बात झूठी नहीं हो सकती ।''

बृहस्पति अब तनिक खीझ उठे । बोले, ''क्या कहते हैं लड़के ? और आपको यहाँ कौन बता जाता है ?''

बुढ़ऊ ने कहा, ''क्या कहते हैं, यह तो मुझसे नहीं कहा जायेगा । परसों मेरे गाँव से रघुनाथ धोबी आया है, उसी ने मुझे बताया कि लड़के ऐसा कहते हैं।''

रघुनाथ धोबी तुरन्त बुलाया गया । वह वही कपड़े पहने था जो बृहस्पति ने उसे धोने के लिए दिये थे । पर बृहस्पति बुद्धिमान् थे, इसलिए देख कर भी चुप रहे ।

उससे पूछा, ''क्या नाम है तेरा ?''

''रघुनाथ मालिक !''

''कब यहाँ आया ?''

''परसों मालिक ! उसी दिन आपके कपड़े धोने को लाया था ।''

''सो तो दिख रहा है । क्यों रे तूने यह क्या आग लगा दी ?''

धोबी कुछ बोलने वाला ही था कि बृहस्पति ने बुढ़ऊ से पूछा, ''बाबा, तुम्हारा नाम क्या है ?''

बुढ़ऊ ने कहा, ''जानकीनाथ ।''

बृहस्पति चौंके । कोई पुरानी बात उन्हें स्मरण हो आयी । बोले, ''सब उलझन तुम्हारे नाम ने खड़ी की है । त्रेतायुग से धोबी इस नाम के पीछे पड़ा है । तुम धोबी की बात हरगिज़ न मानना ।''

रघुनाथ ने कहा, ''महाराज, मेरी तो जात ही बदनाम है । जब से मेरे उस पुरखे ने सीता माता को झूठा कलंक लगांया, तब से हमारा बड़ा निरादर हो रहा है । पर मैं क्या करूँ ? बिना बताये भी नहीं बनता । आप ही बताइए—आप अगर चालीस साल तक बाबा के कपड़े धोते और यहाँ आने पर बाबा आपसे बेटों का समाचार पूछते तो क्या आप न बताते ?''

बृहस्पति को अपना इस प्रकार उदाहरण के लिए उपयोग अच्छा नहीं लगा, पर वे बुद्धिमान् थे, इसलिए चुप रहे । कहा, ''तो तूने ऐसा क्या कह दिया इनसे ?''

रघुनाथ ने बयान दिया, ''महाराज, बाबा तो साक्षात् देवता थे । सारा

इलाक़ा अभी तक इनके गुण गाता है । चार बेटे हैं । जैसे पिता वैसे ही लड़के । राम, लछमन, भरत, शत्रुघन समझ लो । माता-पिता की बड़ी सेवा करने वाले । लोग कहते हैं कि सरवन कुमार के बाद अब ये लड़के हुए हैं। और वह माँ भी साक्षात् लक्ष्मी । ऐसा अच्छा घराना कहीं नहीं था । जब बाबा यहाँ आये, तो लड़के तीन दिन तक तो सुध-बुध भूले रहे । पर पाँचवें दिन बेटों में बहस छिड़ गयी कि बाप का श्राद्ध कौन करे । याने पैसा कौन लगाये । भगवान् की दया से और बाबा के पुण्य-प्रताप से चारों लड़के मज़े में हैं । दो नौकरी करते हैं और दो धन्धा करते हैं । पर हर एक कहने लगा कि मैं पैसा नहीं लगाऊँगा । तब किसी सयाने ने समझाया कि कोई एक पैसा लगा कर श्राद्ध कर दे और पीछे बाबा की जायदाद में से उतना ले ले। इस पर एक ने पैसा लगाया । श्राद्ध हुआ । अब वह बोला कि मेरे दस हज़ार लग गये । दूसरे कहने लगे कि मुश्किल से दो हज़ार लगे होंगे । फिर झगड़ा शुरू हो गया । तब एक-दो सयानों ने बीच में पड़कर पाँच हज़ार पर समझौता कराया । बाबा का श्राद्ध क्या हुआ, नीलाम हो गया । अब जायदाद का झगड़ा शुरू हुआ । चारों में खींचतान होने लगी । हर एक ज़्यादा से ज़्यादा हिस्सा हड़पने की कोशिश करने लगा । अहा ! कैसा प्रेम था भाइयों में । पर अब आपस में दुश्मन हो गये । जिस दिन मैं आया उसके एक दिन पहले तो ग़जब ही हो गया । क्या हुआ महाराज, कि दो लड़कों ने कचहरी में अरजी दी है कि बाबा के लड़के हम दो ही हैं, इसलिए जायदाद हममें बँटनी चाहिए । कुल इतनी बात है । यही सब समाचार मैंने बताये इन्हें । पर बाबा अब उस बेचारी साध्वी बुढ़िया से पूछते हैं कि बता बाक़ी दो लड़के किसके हैं !

□

सुदामा के चावल

(कृष्ण से मनमानी सम्पत्ति प्राप्त कर के विप्र सुदामा अपने भवन में आराम से रहने लगे । उन्हें कोई काम तो करना नहीं पड़ता था, इसलिए पण्डितानी से लड़ने और जम्हाई लेने के बाद भी जो समय बचता कुछ लिख-पढ़ लेते, उसमें से संस्मरण और डायरी के कुछ भाग अब मिल गये हैं । उसमें से कृष्ण से भेंट वाला प्रसंग यहाँ उद्धृत किया जाता है ।—लेखक)

......लोगों की टीका-टिप्पणी से मैं तंग आ गया । लोग मुझे चैन क्यों नहीं लेने देते ? कहते हैं कि कृष्ण ने प्रजा के कोष का धन उठा कर अपने मित्र को दे दिया । कृष्ण ने ऐसा क्या अनुचित किया, जो मुझे थोड़ा धन दे दिया ! राज-पद पा कर कौन अपने भाई-भतीजों और मित्रों का भला नहीं करता ? कुछ लोग तो मुझे ही मूर्ख कहते हैं । कहते हैं कि कृष्ण ने मेरे दो मुट्ठी चावल खा कर मुझे दो लोक दे दिये थे, पर मैंने मूर्खतावश वापस कर दिये । कल प्रातःकाल मैं भवन के बाहर मैदान में दातौन चबाता घूम रहा था—मुझे एक प्रहर तक दातौन करने की आदत है क्योंकि किसी तरह समय तो काटना है। सामने से ब्राह्मण देवदत्त अपने किसी परदेशी बन्धु के साथ निकला और मेरी ओर संकेत करके उससे कहने लगा, "यह वही मूर्ख सुदामा है, जिसे कृष्ण ने दो लोक दे दिये थे, पर इसने वापस कर दिये ।" सुन कर मेरे अंग-अंग में आग लग गयी पर मैं क्रोध पी गया। क्या करता ? मैंने ही तो यह बात फैलायी थी और मनुष्यों की बुद्धि को इस युग में क्या हो गया है ! किसी ने यह नहीं कहा कि हे मिथ्यावादी सुदामा, यदि कृष्ण हर मिलने वाले को एक-दो लोक दान में देते हों, तो प्रतिदिन हज़ारों लोक बाँटते होंगे । पर लोक तो तीन ही हैं और मथुरा तीनों लोकों से न्यारी है । और हे मिथ्यावादी ब्राह्मण, तू यदि यह कहे कि केवल तू ही उनसे मिलने गया, तो यह भी झूठ है । जब कोई राजधानी जाता है, तब ऊँचे पदों पर बैठे अपने हर परिचित से मिल आता है ।

फिर कृष्ण बहुत हँसमुख और मिलनसार है; उसे नृत्य-संगीत-नाट्य का शौक़ है और उसके आस-पास कलावन्त सुन्दरियों का जमघट रहता है । जिस राज-नेता के आस-पास सुन्दरियों का गुच्छा होता है उसे मिलने वालों का टोटा नहीं पड़ता ।

किसी ने ऐसी शंका नहीं की । और युगों तक यह बात मानी जाएगी कि कृष्ण ने मेरे दो मुट्ठी चावल खा कर मुझे दो लोक दे दिये, पर मैंने बाद में उन्हें लौटा दिया । पर आज मैं सत्य बात लिख देना चाहता हूँ । जिससे 'निरवधि काल और विपुला पृथ्वी' में कोई कभी इन पृष्ठों के आधार पर विश्व से कह सकेगा कि दो मुट्ठी चावल और दो लोक वाली बात झूठ है; सुदामा ने कृष्ण से दान नहीं लिया; उसने परस्पर सुभीते के लिए सौदा किया था ।

मैं जब द्वारका के लिए चला, तब ब्राह्मणी ने पड़ोसिन से एक पाव चावल उधार लेकर मेरे गमछे में बाँध दिये । वह जानती थी कि राजपुरुष बिना भेंट लिये किसी का कोई काम नहीं करते । मेरे घर में एक पाव चावल भी न हों, ऐसी बात नहीं थी; पर ब्राह्मणी जानती थी कि राजपुरुष उधारी या चोरी के माल से बहुत प्रसन्न होते हैं ।

कृष्ण ने मुझे बड़े स्नेह से पास बिठाया और मेरी काँख में दबे गमछे को खींचा, उलट-पलट कर देखा । उसमें चावल का एक दाना भी नहीं था । कृष्ण ने मेरी ओर बड़े अचरज और खीझ से देखा और कहा, "कहाँ गये चावल ? तुमने फिर कपट किया । मैंने अपनी दिव्य-दृष्टि से देख लिया था कि भाभी ने मेरे लिए गमछे में चावल बाँध दिये थे ।"

मेरा मन हुआ कि कह दूँ कि हे मेरे राजमित्र, जिस दृष्टि से तुम मित्रों की पत्नियों को पति के गमछे में चावल बाँधते देखते रहते हो, उससे लोगों की ग़रीबी और भुखमरी क्यों नहीं देखते । पर कुछ सोचकर मैं चुप रहा ।

कृष्ण चावल खाने के लिए बहुत उत्सुक था । उसका आग्रह प्रेम के कारण कम था, इस कारण अधिक था कि आस-पास चित्रकार लोग चावल खाते हुए महाराज का चित्र खींचने के लिए तैयार खड़े थे । चित्र खींच कर उसके नीचे लिखा जाता, 'दीनबन्धु एक दीन के चावल खाते हुए' ।

उसने बनावटी रोष से पूछा, "क्या तुम चावल भी खा गये ?"

"नहीं ।" मैंने कहा ।

"तो फिर कहाँ गये ?" उसने कहा ।

मैंने कहा, "नहीं बताऊँगा । मैं वचनबद्ध हूँ ।"

"किससे वचनबद्ध हो ?"

"तुम्हारे रक्षक-विभाग के अधिकारी से । उसने कहा है कि यदि तुम यह सब मामला महाराज को बताओगे, तो तुम्हारी ब्राह्मणी विधवा हो जाएगी।"

कृष्ण हँसा । पूछा, "कैसा मामला ? मित्र, तुम मुझे बताओ तो । मैं तुम्हें अभय-दान देता हूँ । मैं तुम्हें अपने व्यक्तिगत रथ में घर सकुशल पहुँचाऊँगा।"

आश्वासन पाकर मैंने कहा, "अच्छा, बतलाता हूँ । पर पहले राज्य-शासन में मैं तुम्हारी परीक्षा लेता हूँ । बतलाओ, खुरचन किसे कहते हैं और अच्छे शासन में इसका क्या महत्त्व है ?"

कृष्ण मेरी ओर मूढ़ की तरह देखने लगा । बोला, "मैंने तो यह शब्द ही नहीं सुना ।"

मैंने कहा, "आश्चर्य है । शासन की सबसे महत्त्वपूर्ण नीति को नहीं जानते और राज्य करते हो !"

कृष्ण ने उतावली से कहा, "पर तुम पहले चावल की बात तो बताओ।"

तब मैंने पूरी घटना सिलसिलेवार सुनायी जिसे यहाँ लिखता हूँ : माँगते-खाते मैं द्वारका नगरी पहुँचा । नगरी का वैभव देखकर चकित रह गया। सारा धन सिमट कर द्वारका में आ गया था । और सारी विद्या इकट्ठी हो गयी थी। बड़े-बड़े कलावन्त, पण्डित, कवि और गायक राजधानी में आकर बस गये थे क्योंकि यहाँ राज-पुरस्कार खूब बँटते थे । इनमें मुझ दीन ब्राह्मण को कौन पूछता ? मैंने नगरी के बाहर ही, बिना नहाये, मस्तक पर चन्दन लगा लिया था, इसलिए नागरिक पूछने पर कम-से-कम मार्ग बता देते थे ।

पूछते-पूछते मैं कृष्ण के महल के सामने पहुँच गया । वहाँ एक कर्मचारी से मैंने कहा, "भाई, मुझे महाराज से मिलना है ।" उसने मुझे ध्यान से देखा और सम्भवतः टालने के लिए कहा, "उस बायें बाजू वाले कार्यालय में जाओ। वहाँ पूछ-ताछ के पश्चात् जब अनुमति मिलेगी, तब जा सकोगे ।"

कुछ सोचकर उसने पुनः कहा, "तुम भाई क्यों कहते हो ?"

मैंने उत्तर दिया, "मनुष्य मनुष्य को 'भाई' ही तो कहेगा।" उसने मुझे समझाया, "बहुत भोले हो। आगे किसी राज-कर्मचारी को भाई मत कहना। वह मनुष्य होने में अपनी अप्रतिष्ठा समझता है। उसे 'देवता' कहना चाहिए।"

मैंने उसकी बात की गाँठ बाँध ली और उस विशाल कार्यालय के द्वार पर पहुँचा। वहाँ कितने ही कर्मचारी बैठे थे जिनमें से अधिकांश गप-शप कर रहे थे। वे अपने स्थान से उठते और पास के जलपान-गृह में जाकर बैठ जाते। मैं समझा कि इन सबको यही करने के लिए ही राज्य से वेतन मिलता है।

मैं बड़ी देर तक खड़ा रहा। फिर साहस बटोर भीतर घुसा। एक कर्मचारी ने बड़े कड़े स्वर में कहा, "ए, कहाँ घुसा आता है? यह धर्मशाला नहीं है। उधर जाओ, वहाँ धर्मशाला है और सदावर्त बँटता है।" उसने अँगुली से दक्षिण दिशा की ओर संकेत किया।

मैंने कहा, "देवता, मुझे महाराज से मिलना है।"

कर्मचारी हैरत से मुझे देखता ही रहा। फिर ठहाका मारकर हँसा और बोला, "विप्रदेव, तुम ग़लत जगह आ गये। यह पागलख़ाना नहीं है।"

मैंने कहा, "भगवन्, मेरे कृश शरीर और फटे वस्त्रों पर मत जाओ। मेरे होश-हवाश दुरुस्त हैं। मैं विक्षिप्त नहीं हूँ। मुझे वास्तव में महाराज कृष्ण से मिलना है।"

इतने में कई कर्मचारी आकर मुझे घेर कर खड़े हो गये। उनमें से एक कहने लगा, "बड़ी ऊँची आकांक्षाएँ है आपकी विप्रदेव! क्या काम है आपको महाराज से?"

मैंने कहा, "वे मेरे मित्र हैं, सहपाठी हैं।" इस पर वे सब एक साथ हँस पड़े।

एक बोला, "वाह, महाराज को आप ही साथ पढ़ने के लिए मिले!"

दूसरा कहने लगा, "विप्रदेव, आप भाँग-वाँग छानते हैं क्या?"

तीसरा बोला, "आप किस देश के नरेश हैं?"

मेरे संकट के मारे शरीर और दरिद्रता से छिन्न वस्त्रों को देख-देख कर वे उपहास करते रहे। मैं ग्लानि से मरा जा रहा था। चाहता था कि पृथ्वी फट जाये और मैं उसमें समा जाऊँ। दीनबन्धु के सेवकों का कैसा व्यवहार

था, एक दीन के प्रति !

इसी समय कार्यालय के दूसरे छोर से एक दबंग कर्मचारी चिल्लाया, ''अरे कुछ 'खुरचन' का सिलसिला भी है या यों ही मिलने चला आया है ।'' चारों ओर से 'खुरचन-खुरचन' की आवाज़ें लगने लगीं ।

'खुरचन' मेरे लिए नया शब्द था । मैंने कहा, ''भाई, खुरचन मैं नहीं जानता । शब्द-कोश में तो यह शब्द नहीं है । किसी काव्य और दर्शन में भी यह नहीं आया । यह सम्भवतः शासन का कोई विशेष शब्द है । मैं जानता हूँ कि अच्छे शासन कुछ शब्दों और आँकड़ों के बल पर चलते हैं ।''

उनमें से एक, जो सयाना था, कहने लगा, ''ब्राह्मण देवता, राज दरबार में आये हो, और शासन की नीति नहीं जानते ? तुम तो 'खुरचन' तक नहीं समझते ।''

मैंने बड़ी नम्रता से कहा, ''बन्धु, मैं तो ग्रामवासी हूँ । शासन हमारे पास केवल कर वसूल करने पहुँचता है । भला राजधानी की रीति-नीति मैं कैसे जान सकता हूँ ? हमारे ग्रामों में तो दूध उबाल लेने के बाद जो मलाई कड़ाही में चिपकी रहती है, उसे खुरच लेते हैं और उसी को 'खुरचन' कहते हैं ।''

वह बोला, ''ठीक इसी तरह से शासन की कड़ाही में जो मलाई चिपकी रहती है उसे हम खुरचते हैं और उसे हम भी 'खुरचन' कहते हैं ।''

मैं तब भी नहीं समझा । उन सब को मेरे ऊपर दया-री आयी ।

सयाना बोला, ''तुम समझे नहीं विप्रदेव ! हमारा मतलब है, यह भी एक मन्दिर है । कुछ भेंट वग़ैरह तो लाये ही होंगे । महाराज से क्या बिना भेंट के मिलोगे ? हमारा भी तो कुछ हिस्सा होगा ।''

मैं अड़चन में पड़ गया । मुझे चुप देख एक कर्मचारी कहने लगा, ''तुम्हारी काँख में दबी उस पोटली में क्या है ब्राह्मण देवता ? स्वर्ण है ?''

मैंने चावल की पोटली और कस कर दबा ली ।

सयाना कर्मचारी बोला, ''क्या है उसमें ? ख़ोलो उसे !''

मैं घबराया । यदि चावल इनके सामने खुल गये तो ये मेरा बड़ा उपहास करेंगे । मैं जड़ हो गया ।

तभी वह रक्षक-विभाग का अधिकारी आगे बढ़ा । उसका बलिष्ठ शरीर,

कठोर मुख और बिच्छू के डंक-जैसी मूँछें देखकर मैं काँप गया । उसने कर्कश स्वर में कहा, ''अरे, दो धप्प लगाओ, अभी बता देगा यह बम्हन का बच्चा।''

मैं काँप उठा । मैंने झट पोटली खोल दी । चावल देख कर वे सब हैरत में पड़ गये । एक-दूसरे की ओर देखने लगे । एक बोला, ''यह ब्राह्मण पागल है । भला कोई चावल लेकर महाराज से मिलने जायेगा ?''

अब तक वह दबंग कर्मचारी वहाँ आ गया था । उसने कहा, ''भई, इसमें कुछ भेद है । ये साधारण चावल नहीं मालूम होते । भला कोई महाराज के लिए साधारण चावल लायेगा ? ये ब्राह्मण लोग बड़े रहस्यमय होते हैं । कई तरह के तन्त्र-मन्त्र करते रहते हैं । ये चावल मन्त्रों से सिद्ध किये मालूम होते हैं, जो महाराज को देने जा रहा है ।''

मैंने सोचा कि इस भ्रम की बाँह पकड़कर कृष्ण के पास पहुँच सकता हूँ। मैंने कहा, ''ग्यारह रात्रि और दिन निरन्तर मन्त्रोच्चार कर के चावल सिद्ध किये हैं ।''

''क्या गुण हैं इनमें ?''

''मन-वांछित फल-धन प्राप्ति, स्त्री-सुख, स्वास्थ्य, पुत्रलाभ, शत्रु-नाश !''

इतना सुनते ही वे सब चावलों पर टूट पड़े । प्रत्येक की कुछ इच्छा थी। कार्यालय में काम बन्द हो गया । सब कर्मचारी वहीं एकत्र हो गये । जो आता, वह चुटकी चावल खा जाता ।

जब आधी मुट्ठी चावल बचे, तो मैं उन्हें लपेटते हुए बोला, ''अब इतने महाराज के लिए रहने दो ।'' इसी समय एक बड़ा अधिकारी वहाँ आया और डपटकर बोला, ''कहाँ ले चले ? मुझे भी खाना है । महाराज को दूसरे चक्कर में ला देना ।''

उसने शेष चावल मुँह में डाल लिये ।

मैंने खाली अँगोछा झटक कर लपेटा और काँख में दबा लिया ।

बड़ी-बड़ी मूँछों वाले उस भयावह रक्षक-विभाग के अधिकारी ने एक सेवक को बुलाया और उसे आदेश दिया, ''इन्हें महाराज के पास पहुँचा दे।''

मैं सेवक के पीछे चला । चार क़दम ही बढ़ा था कि वह मूँछों वाला आया और मेरा हाथ पकड़कर बोला, ''देख बे ब्राह्मण के बच्चे, यदि तूने महाराज को यह चावल वाला मामला बताया, तो तेरी ब्राह्मणी विधवा हो

जायेगी ।''

उसने हाथ छोड़ा, तो मैं जल्दी-जल्दी महल में चला गया ।

यह घटना मैंने कृष्ण को सुनायी । वह बड़ी चिन्ता में पड़ गया ।

मैंने कहा, "तुम राज करते हो या सोते हो ? कैसी धाँधली मची है ! तुम्हारे राज-कर्मचारी चावल तक छीन खाते हैं !"

कृष्ण ने कहा, "मुझे वास्तव में यह नहीं मालूम था । मैं आज ही जाँच-समिति नियुक्त करता हूँ । पर बाहर यह बात तुम किसी को मत बताना। राज्य की बड़ी बदनामी होगी ।"

मैं अकड़ गया । मैंने कहा, "मैं ब्राह्मण हूँ—सत्यवादी । प्राण चाहे चले जायें, सत्य नहीं त्याग सकता । मैं डंके की चोट पर कहूँगा कि राज्य में ऐसा अन्धेर मचा है ।"

कृष्ण की हालत बड़ी दयनीय हो गयी । कहने लगा, "देखो, तुम मेरे मित्र हो । क्या मित्र के लिए थोड़ा झूठ भी नहीं बोलोगे ?"

मैंने व्यंग्य से कहा, "अब तुम्हें मित्रता याद आने लगी । पहले नहीं सोचा कि मेरा एक मित्र सुदामा दरिद्रता में दिन काट रहा है ।"

कृष्ण ने कहा, "मेरी स्थिति को तुम क्या समझो । मैं यही नहीं समझ पाता कि कौन मेरा है और कौन पराया । जब से मुझे यह राज-पद मिला है, असंख्य आदमी मेरे आत्मीय बन कर मेरे पास सहायता के लिए आ चुके। अभी तक बीस सहस्त्र चाचा, पन्द्रह सहस्त्र काका, पचीस सहस्त्र भतीजे, दस सहस्त्र मौसियाँ और आठ सहस्त्र चाचियाँ आ चुकीं । अब बताओ मैं किस-किस का काम करूँ ? और सच पूछो तो मुझे अभी भी विश्वास नहीं है कि तुम वही सुदामा हो, जो मेरा सहपाठी था, क्योंकि आठवें सुदामा तो कल ही आये थे जिन्हें मैंने बाहर से ही लौटा दिया था । तुम न जाने कैसे भीतर घुस आये! आ गये तो कोई बात नहीं, पर मित्रता इत्यादि की बात मत करो; क्योंकि मैं क्या जानूँ कि तुम कौन हो । मैं तुमसे सौदा कर सकता हूँ । तुम्हारे पास राज्य का एक रहस्य है जिसे प्रकट करने से शासन कलंकित होगा । बोलो, इस रहस्य को गुप्त रखने का क्या लोगे ? यहाँ इसी तरह दे-लेकर मुँह बन्द कर दिया जाता है ।"

मैं सोचने लगा । जब मित्रता से सौदे पर बात आ गयी है, तो संकोच

त्यागना चाहिए ।

मैंने कहा, ''अच्छा, ऐसा ही सही । क्या दोगे ?''

''दस सहस्त्र स्वर्ण-मुद्राएँ ।'' वह बोला ।

मैंने बनावटी रोष से कहा, ''क्या तुमने मेरा ईमान सस्ता समझा है ?''

''तो एक लाख स्वर्ण-मुद्रा, एक भवन और एक ग्राम ले लो ।''

इस क़ीमत पर मैंने ईमान बेच दिया ।

कृष्ण ने मुझे अपने रथ पर वापस पहुँचाया । लौट कर मैंने दो मुट्ठी चावल और दो लोक वाली बात बना कर फैला दी । लोग इसी पर विश्वास करते जायेंगे ।

कभी जब ये पृष्ठ प्रकाश में आयेंगे तब यह सत्य प्रकट होगा कि चावल का एक दाना भी कृष्ण को नहीं मिला । चावल तो कर्मचारियों की 'खुरचन' हो गये । यह भी लोग जानेंगे कि मैंने कृष्ण से दान नहीं लिया, सौदा किया था, कुछ काल के लिए ईमान गिरवी रखा था ।

□

अपने-अपने इष्टदेव

लेखक ने अपने गुरु से कहा, ‘‘आचार्यवर, मैंने बड़ी महत्त्वाकांक्षा लेकर लिखना शुरू किया था, पर अभी तक विफलता ही मेरे हाथ लगी । मेरी पाँच-छह पुस्तकें प्रकाशित हो चुकी हैं, पर वे अधिक बिकीं ही नहीं । कोई मेरा नाम नहीं जानता । मुझे धन भी नहीं मिला । मैं इतिहास में आना चाहता था, पर अभी तक अख़बार में भी नहीं पहुँचा । शुरू से ही मेरे आदर्श तुलसीदास रहे हैं । चाहता हूँ कि रामचरित-मानस की तरह मेरा ग्रन्थ भी घर-घर में हो, तुलसी की तरह मेरा नाम भी बच्चे-बच्चे की ज़बान पर हो । पर यह हो कैसे? गुरु, रास्ता बताइए, प्रकाश दीजिए ।’’

गुरु ने कहा, ‘‘तुम्हारा संकल्प तो शुभ है । पर साधना के बिना संकल्प एक बोझ ही है । तपस्या करो !’’

लेखक ने कहा, ‘‘और कितनी तपस्या करूँ, गुरुदेव ? मैं रात-दिन हर सफल लेखक के प्रति ईर्ष्या से जलता रहता हूँ । ईर्ष्या से बढ़कर कोई तप नहीं है । तुलसीदास तो मुझे शत्रु लगते हैं । घर में रामचरित-मानस देखता हूँ तो उससे कहता हूँ कि एक दिन ऐसा आएगा जब तेरी ठीक बग़ल में हर घर में मेरा ग्रन्थ होगा !’’

गुरु ने कहा, ‘‘सो सब ठीक है, पर साधना का सही मार्ग ग्रहण करोगे, तभी सिद्धि होगी ।’’

लेखक ने पान का डिब्बा खोल कर गुरु के आगे कर दिया । फिर तमाखू की डिबिया बढ़ायी । और जब गुरु चुटकी में तमाखू लेकर उसे मुख में यथास्थान रख रहे थे, तभी कहा, ‘‘सही मार्ग आपके सिवा कौन बतायेगा? कहा है—बलिहारी गुरु आपकी जिन गोविन्द दियो बताय !’’

गुरु करुणार्द्र हो उठे । बोले, ‘‘वत्स, तुलसीदास से स्पर्धा करना है, तो उन्हीं का मार्ग अपनाना होगा । उन्हीं की तरकीबें काम में लानी होंगी । तुलसीदास में दो ख़ास बातें थीं—एक : सामग्री का चयन और दो : ठीक

इष्टदेव की भक्ति । जहाँ तक सामग्री के चयन का प्रश्न है, उन्होंने खुद स्वीकार किया है—नानापुराण निगमागमसम्मतं यद्— उन्होंने बेखटके यहाँ-वहाँ से सामग्री ली । वे जानते थे कि मौलिक रचना के लिए इस जगत् में कोई चांस नहीं है । भगवान् तक मौलिक रूप में नहीं आते, राम या कृष्ण के रूप में अनुवादित होकर आते हैं । तुम भी ऐसा काव्य लिखो, जिसे पढ़ने से सब महाकवियों के काव्य का रस मिल जाये । इससे भी कठिन कार्य हैं, ठीक इष्टदेव की पहचान करना और उसकी कृपा प्राप्त करना । तुलसीदास को तो बड़ा बलशाली इष्टदेव मिल गया था— हनुमान् । तुमने उसकी जीवनी में पढ़ा ही होगा कि रामचरित-मानस की रचना पूरी कर एक शाम को तुलसीदास ने इष्टदेव का स्मरण कर पोथी रख दी । सुबह उठकर देखा कि पोथी पर हनुमान् जी दस्तखत कर गये हैं, याने मंजूर हो गयी । बस, रामचरितमानस घर-घर में और तुलसीदास का नाम बच्चे-बच्चे की ज़बान पर हो गया । उस ज़माने में भारत में प्रकाशक होते, तो लाखों की रॉयल्टी मिलती और आज राजापुर ग्राम में कोई हवेली उनका स्मारक होती । तुम भी ठीक इष्टदेव को प्राप्त करो। यह कठिन कार्य है । आजकल देवता भी बढ़ गये हैं और भक्त भी। फिर भी, प्रयत्न से क्या नहीं होता ?''

लेखक को सही मार्ग मिल गया था, पर उलझन यह थी कि इष्टदेव को कैसे पहचाने और कैसे उसकी कृपा प्राप्त करे । उसने फिर गुरु की तरफ़ देखा ।

गुरु ने कहा, ''अपना इष्टदेव खुद पहचानना होता है । मेरा बताया तुम्हारे काम नहीं आएगा । तुलसीदास को तो एक झाड़ी में रहने वाले प्रेत ने बतलाया कि अमुक जगह राम-कथा सुनने कोढ़ी का रूप धर कर हनुमान् जी आते हैं । वही तुम्हारे इष्टदेव हैं । तुलसीदास ने जाकर कोढ़ी के पाँव पकड़ लिये । उसने बहुत आनाकानी की, पर जब तक तुलसी ने वरदान नहीं ले लिया, छोड़ा नहीं । जाओ, सच्चा लगन होगी, तो तुम्हें भी कोई बताने वाला मिल जाएगा ।''

लेखक ने गुरु को प्रणाम किया और वह इष्टदेव खोजने निकल पड़ा । नगर-नगर, गाँव-गाँव, सड़क-सड़क, गली-गली, होटल-होटल, पार्क-पार्क खोजा, मगर इष्टदेव नहीं मिला । कई इष्टदेव-जैसे मालूम हुए, पर बाद में पता चला

कि वे खुद भक्त हैं और इष्टदेव की तलाश में घूम रहे हैं ।

निराश लेखक एक रात को राजधानी की सड़कों पर घूम रहा था । एक दफ़्तर के पास से निकला तो सन्नाटे को चीरती आवाज़ आयी, "ठहरो !"

लेखक ठिठक गया । आस-पास कोई नहीं दिखा ।

उसने ज़ोर से पुकारा, "कौन है ?"

"भूत !" दफ़्तर से आवाज़ आयी ।

लेखक ने कहा, "मैं वर्तमान हूँ ।"

जवाब आया, "भूत वर्तमान का हेटमास्टर है और वर्तमान भूत का क़ुली है !"

लेखक ने पूछा, "तुम किसके भूत हो ?"

आवाज़ आयी, "एक लेखक का, जो अच्छा लिखने के कारण जल्दी मर गया । मेरा नाम······था ।"

लेखक ने कहा, "मैंने आपका नाम सुना है, आपकी पुस्तकें पढ़ी हैं। आप तो बहुत अच्छा लिखते थे !"

आवाज़ आयी, "इसीलिए असमय ही मर गया । अब भूत बन गया हूँ। मुझे तेरी समस्या मालूम है । मैं तेरे इष्टदेव को जानता हूँ । मनुष्य जीवन में जो नहीं जान पाया, वह प्रेत-योनि में जान गया हूँ । अपना कान इस खम्भे से लगा । मैं खम्भे के भीतर से बोलूँगा । यह अत्यन्त गोपनीय रहस्य है । किसी पर प्रकट मत करना !"

लेखक ने खम्भे से कान लगाया और भूत ने उसे इष्टदेव का नाम पता बता दिया । पूजा-विधि भी बतायी । फिर कहा, "जा, उसे प्रसन्न कर । वह पहले कहेगा, मैं तुम्हारी मदद कैसे कर सकता हूँ ? मेरे हाथ में क्या है? पर तू उसके पीछे पड़े रहना ।"

लेखक ने दूसरे लेखक के भूत को बहुत धन्यवाद दिया और इष्टदेव से मिलने चल दिया । दूसरे दिन उसने उसे पा लिया और उसी दिन से पूजा शुरू कर दी । साथ ही उसने ग्रन्थ-रचना भी शुरू कर दी ।

ग्रन्थ पूरा हो गया और लेखक ने उसे छपवा भी लिया ।

एक सन्ध्या को लेखक ने स्नान करके धूप-बत्ती जलायी और अत्यन्त शुद्ध मन से इष्टदेव की स्मृति करके ग्रन्थ की एक प्रति मेज़ पर रख दी ।

सुबह उठकर देखा कि ग्रन्थ में एक टाइप किया हुआ काग़ज़ चिपका है। काग़ज़ पर नीचे शिक्षा-विभाग के किसी पदाधिकारी के दस्तख़त हैं । उसमें लिखा हैं—तुम्हारा यह ग्रन्थ सारे राज्य में हायर सेकेण्डरी कक्षाओं के लिए पाठ्य-पुस्तक के रूप में स्वीकृत किया गया ।

वह ग्रन्थ घर-घर में हो गया और लेखक का नाम बच्चे-बच्चे की ज़बान पर आ गया ।

□

मौलाना का लड़का : पादरी की लड़की

एक साधारण बँगले में चर्च थी । शिखर पर न क्रास, न घण्टा । एक हाल था और तीन कमरे । कमरों में पादरी सपरिवार रहता था और हाल में आराधना होती थी ।

शहर में बड़े ओहदेदार ईसाइयों के लिए दो बड़ी विशाल, रोबदार चर्चें भी थीं । धर्म धन के हिसाब से टीमटाम धारण कर लेता है । धनी ईसाइयों का ईसा झोंपड़ी में आये, यह उन्हें गवारा नहीं । और अगर ग़रीब ईसाइयों का ईसा भी शानदार चर्च में आने लगे, तो अमीरों के ईसा को ईर्ष्या होगी । इसीलिए ग़रीब मज़दूरों, फिटरों, क्लीनरों और बस-कण्डक्टरों के लिए किराये के बँगले में छोटी-सी चर्च खोल दी गयी थी ।

लेकिन मौलाना शमशुद्दीन ने अपने बँगले का आधा हिस्सा दूसरे मज़हब की इबादत के लिए कैसे दे दिया ? वे कट्टर मुसलमान थे, ख़ास मौक़ों पर मस्जिद में नमाज़ वही पढ़ाते थे । फिर भी शायद इस्लाम के एकेश्वरवाद ने ईसाई धर्म के एकेश्वरवाब को पड़ोस में बस जाने दिया । या साठ-सत्तर रुपये किराये के बँगले के लिए चर्च वालों ने जब दो-सौ रुपये दिये, तो मौलाना की धार्मिक कट्टरता के मुँह पर ताला पड़ गया होगा । क्या पता, हज़ार रुपये महीने में मौलाना शिवालय बना लेने देते !

पादरी सेमुअल दास बहुत नेक, ईमानदार और मिलनसार आदमी था । ठीक पहली तारीख़ को किराया पटा देता था । और कभी मरम्मत की माँग नहीं करता था । बड़ा श्रद्धालु; प्रभुभक्त आदमी था । जब वह भरे गले से कहता, ''दीन मनुष्य धन्य हैं, क्योंकि वही स्वर्ग के राज्य के अधिकारी होंगे,'' तब ग़रीब ईसाइयों की आँखें भर आतीं । चर्च के सदस्यों को पादरी अपने बच्चों की तरह प्यार करता था और उनमें से कोई यदि अधिक दिन आराधना में न आता, तो पादरी को उसकी आत्मा की चिन्ता पड़ जाती और वह उसे घर से बुला लाता ।

मौलाना भी बड़े साफ़-पाक आदमी थे और पादरी से उनकी अच्छी पटती थी, क्योंकि वह धार्मिक आदमी था और किराया समय पर देता था । एक बार जब मौलाना की नयी मुरग़ियों ने बड़ी साइज़ के अण्डे दिये थे, तब उन्होंने चार अण्डे पादरी को भी भिजवाये थे ।

कुछ दिनों से मौलाना के इकलौते बेटे रफ़ीक़ का झुकाव ईसाई धर्म की ओर हो रहा था । बड़ा भला लड़का था । बाप के संस्कार, शासन और सम्पत्ति ने उसे बिलकुल ही सुशील बना दिया था, याने दब्बू, झेंपू और साहसहीन । वह दोपहर में पादरी की लड़की के पास बैठा हुआ बाइबिल पढ़ता पाया जाता था । दोनों का मेल-जोल कैसे हो गया, इसे सोचना व्यर्थ है, क्योंकि तरुण-तरुणी के मिलने के उचित कारण बेवकूफ़ ही खोज़ते हैं । फिर भी रफ़ीक़ और बेला आध्यात्मिक स्तर पर ही मिले होंगे, क्योंकि एक तो रफ़ीक़ दब्बू लड़का था, दूसरे बेला यौवन में ही विरागिनी-सी हो गयी थी। वह हमेशा धार्मिक अध्ययन और चर्चा में डूबी रहती थी और लोगों का ख़याल था कि उसे पादरी से अधिक ज्ञान है और उससे कहीं अधिक अच्छा प्रवचन कर सकती है । वे मनचले, जो हर चर्च में चमचमाती टाई पहन कर तरुणियों को रिझाने जाया करते हैं, यहाँ निराश हुए थे । प्रार्थना के बीच जब वे शोख नज़रों से बेला की ओर ताकते, तो उसे नीची आँखें किये हुए पाते । उसकी नीरसता के कारण ही चर्च में हाज़िरी कम हो गयी थी । मनचले यह कह कर चल दिये थे कि पादरी की लड़की तो 'रिसपान्स' ही नहीं देती । बात फैल गयी थी कि वह तो 'नन' बनने वाली है ।

ऐसी बेला के पास जब रफ़ीक़ आया, तो उसे वह भोले बच्चे-सा लगा। उसने उसकी आत्मा को प्रकाशित करने और उसे प्रभु ईसा के करुणाचल की छाया में लाने का निश्चय किया । रफ़ीक़ रोज़ दोपहर को उसके पास बैठता और वह गद्गद हो उसे बाइबिल सुनाती और एक-एक बात पर लम्बे-लम्बे प्रवचन करती । रफ़ीक़ उसके मुख की ओर एकटक निहारता हुआ, आनन्द-विभोर हो सुनता रहता ।

बाइबिल उसे बहुत अच्छी लगती थी । वह सुबह से ही सूर्य की गति देखता रहता कि कब दोपहर हो । रात को बड़ी देर तक उसकी आँखों के सामने बेला का मुख झूलता रहता और उसके शब्द कानों में गूँजते रहते ।

उसकी आत्मा प्रकाशित होने लगी थी । उसका साहस भी जागने लगा था ।

बेला की आत्मा में भी नया प्रकाश आने लगा । बाइबिल पढ़ने में उसे नवीन आनन्द की उपलब्धि होने लगी थी । सुबह से दोपहर तक वह भी एक-दो बार घड़ी देख लेती थी ।

कुछ दिनों में तो दोनों की आत्माएँ और तेज़ी से प्रकाशित होने लगीं । रफ़ीक़ ने अपनी विरल, खसखसी दाढ़ी मुढ़वा ली और बेला ने बाइबिल का पुराना, मैला आवरण निकाल कर एक सुन्दर सुनहला आवरण चढ़ा लिया ।

मौलाना से एक दोस्त ने कहा, "मौलाना, साहबज़ादे के रंग-ढंग अच्छे नहीं हैं । रोज़ पादरी की लड़की के साथ घण्टों बैठते हैं । पादरी बड़ा काँइयाँ है । ईसाई बना लेगा ।"

मौलाना में अभिमान और आत्मविश्वास बहुत था । बोले, "किसी कुँजड़े-पिजारे का बेटा नहीं है, मौलाना का बेटा है । पादरी के पूरे खानदान को मुसलमान बना कर छोड़ेगा ।"

कह तो दिया, पर मौलाना बात को भूले नहीं । पता लगाया । मालूम हुआ कि बात सच है । सोचा, कोई हर्ज़ नहीं । अगर लड़की को मुसलमान बनाकर शादी हो, तो उन्हें कोई एतराज़ नहीं होगा । पादरी की लड़की को मुसलमान बनाने से इज़्ज़त ही बढ़ेगी । पर अगर रफ़ीक मियाँ खुद ही ईसाई होने लगे, तो घर से निकाल दिये जायेंगे । दर-दर की ठोकरें खायेंगे, भूखों मरेंगे, तब समझेंगे कि खुदा भी है कोई चीज़ ।

उधर पादरी भी प्रसन्न था कि एक धनी मौलवी के लड़के को जब वह ईसाई बनाकर लड़की की शादी उससे करेगा, तब उन पादरियों पर उसका बड़ा रोब ग़ालिब होगा, जो ग़रीब गौड़-भीलों को या अनाथ बच्चों को ईसाई बनाते हैं ।

इधर मौलाना और पादरी की कशमकश चल रही थी, उधर रफ़ीक़ और बेला की आत्मा में और प्रकाश आता जा रहा था । वे अब दो-दो, तीन-तीन घण्टे धर्म-चर्चा करते थे । उन्हें इस प्रकाश में गरमी भी मालूम होने लगी थी। इस प्रकाश में एक हरकत और थी, प्रकाश-पुंज एक दूसरे के पास आना चाहते थे ।

रफ़ीक़ को बाइबिल के सपने आने लगे थे । एक रात उसे सपना आया—वह जंगल में भटक रहा है । सहसा उसे नदी-तट की एक चट्टान पर बेला खड़ी दिखती है । वह सफ़ेद वस्त्र पहने है और एक हाथ में फूलों का गुच्छा लिये हुए है । वह रफ़ीक़ को देखकर मुस्करा देती है और संकेत से बुलाती है । रफ़ीक़ पास जाता है, तब बेला एक हाथ उठाकर कहती है : मैं ही पुनरुत्थान और मैं ही जीवन हूँ । जो मुझमें विश्वास करता है, वह मर कर भी जीता है ।...मैं ही जीवन हूँ, मैं ही सत्य हूँ ।

दोपहर को वह बेला के पास गया, तो उसका अजब हाल था । वह प्रेरित आत्मा-जैसा बदहवास हो गया था । ऊपर से रात्रि का जागरण, थकान और कातरता ।

बेला ने पूछा, "ये क्या हाल है आज ? क्या तबीयत ख़राब है ?"

रफ़ीक़ ने जवाब पीछे दिया, पहले बेला का हाथ अपने हाथ में ले लिया। प्रेरित आत्मा जो थी । कहने लगा, "बेला रात को मुझे इलहाम हुआ । सपने में तुमने मुझसे कहा, मैं ही जीवन हूँ, मैं ही सत्य हूँ । अहा ! तुम कह रही थीं और मैं सुन रहा था ! तुम्हारी आवाज़ मेरे कानों में गूँज रही है ! तुमने कहा था, जो मुझ पर विश्वास करता है, वह मरकर भी जीता है।"

बेला ने कहा, "ये बातें प्रभु ईसा ने कही हैं ।"

रफ़ीक़ ने बेला के कन्धे झकझोर दिये । प्रेरित आत्मा थी न । फिर, मानो दूर से कोई रहस्य उस तक आ रहा है, ऐसी विश्वास की धीमी आवाज़ में बोला, "नहीं, नहीं बेला ! ये तुम्हारे वचन हैं । तुमने खुद मुझसे कहा था। तुम्हीं जीवन हो, तुम्हीं सत्य हो !"

और उसने जीवन और सत्य को खींच कर कलेजे से लगा लिया । प्रेरित आत्मा जो थी वह !

उन लोगों ने और बहुत-सी बातें परस्पर कहीं, जो न क़ुरान में कहीं लिखी हैं, न बाइबिल में । उन्हें याद आया कि प्रभु ने आदम की एक पसली निकाल कर उससे औरत बनायी और कहा कि तुम दोनों पति-पत्नी हो । दोनों बहुत खुश थे कि ये प्रभु के बताये पथ पर चल रहे हैं ।

लेकिन एक सवाल सामने आया, जो आदम और हौआ के सामने नहीं आया था । कौन कहे कि तुम पति-पत्नी हो ? प्रभु तो इन छोटे-छोटे कामों

के लिए आने से रहा । उसके स्थान पर पादरी या मौलवी यह कहा करते हैं।

बेला ने कहा, ''पिताजी तुम्हारा बपतिस्मा कर देंगे । फिर शादी भी करा देंगे ।''

रफ़ीक़ को एतराज था, ''बपतिस्मा क्यों होगा ?'' उसने पूछा ।

''क्यों ? तुम प्रभु ईसा की छाया में नहीं जाओगे ?''

रफ़ीक़ मियाँ ने विचारा कि प्रभु ईसा की छाया में जाने से मौलाना की छाया उठ जाएगी । ईसा की शरणागत-वत्सलता का क्या भरोसा ? बाप की कृपा से ही तो वह मज़े में जी रहा हैं । उसने कहा, ''नहीं, मैं ईसाई नहीं बनूँगा ?''

बेला को धक्का लगा । उसने कहा, ''क्यों ? तुम्हें तो ईसा से इतनी मुहब्बत है !''

''नहीं, मुझे तो तुझसे मुहब्बत है ।''

बेला अनुनय करने लगी, ''ऐसी बात मत कहो, मेरे अच्छे रफ़ीक़ ! तुम इतने मन से बाइबिल पढ़ते हो ।''

रफ़ीक़ ने समझाया, ''बाइबिल तो इसलिए पढ़ता हूँ कि तुम पढ़ाती हो। बचपन में एक बूढ़ा खूसट मौलवी मुझे क़ुरान पढ़ाता था, निहायत बदसूरत और गन्दा आदमी । मुझे तभी से क़ुरान में दिलचस्पी नहीं रह गयी । भला बताओ इतनी पाक चीज़ें बदसूरत बूढ़े मर्द क्यों पढ़ाते हैं ? इन्हें पढ़ाने का हक़ तो जवान और खूबसूरत आदमियों को ही है । तुम्हारे मुँह से मुझे शैतान की दास्तान भी अच्छी लगेगी ।''

बेला का तो दिमाग़ चकराने लगा था । बड़ी मुश्किल से उसने पूछा, ''फिर भी तुम्हें ईसाई बनने में एतराज़ क्यों है ?''

रफ़ीक़ ने कहा, ''मेरा बाप नहीं चाहता । ऐसा करें, तुम मुसलमान हो जाओ । मज़े से निकाह हो जायेगा ।''

सुनकर वह नागिन बन गयी । फुफकारा, ''खूब ! तुम्हारे बाप सच्चे बाप हैं ! मेरे बाप कोई चीज़ नहीं ?''

बड़ी देर अनुनय-विनय मान-मनौवल हुई और वे इस नतीज़े पर पहुँचे कि चूँकि दोनों के बाप अपनी-अपनी जगह अड़े हैं, इसलिए वह न ईसाई हो

सकता है और न वह मुसलमान बन सकती है । दोनों सिसकते हुए एक-दूसरे से बिदा हुए, वही सब दोहराते हुए, जो लाखों सालों से ऐसे मौक़ों पर प्रेमी-युगल कहते हैं और जिनका सार यह होता है कि वे एक-दूसरे के बिना जी नहीं सकते । पर ऐसा कहने वालों में कम-से-कम निन्यानबे जीते हैं और इन निन्यानबे में से नब्बे किसी दूसरे से फिर वही शब्द कहते पाये जाते हैं ।

वे दो दिन नहीं मिले ।

रफ़ीक़ की प्रेरित आत्मा में और नया प्रकाश आने लगा । पहले दिन उसने सोचा कि खुदा तो होता ही है; शैतान भी होता है । जिस काम को खुदा बनाता है; उसे शैतान बिगाड़ता है । इस वक्त उनका काम शैतान बिगाड़ रहा है ।

दूसरे दिन उसे और प्रकाश मिला । उसे ज्ञान हुआ कि पादरी और मौलाना दोनों के दिमाग़ों में यों घुस कर शैतान अपनी चाल चल रहा है । तीसरे दिन वह बेला के पास पहुँच गया । इन दो दिनों में बेला की आत्मा में भी नया प्रकाश आ गया था ।

रफ़ीक़ ने कहा, "बेला, हमने पढ़ा है न कि शैतान खुदा से लड़ कर चला गया था और तभी से दुनिया में बड़ा ऊधम मचा रहा है, लोगों को ग़लत राह ले जाता है; अच्छे कामों में अड़ंगा डालता है । इस वक्त शैतान हमारा काम बिगाड़ रहा है ।"

बेला ने कहा, "हाँ, यही मालूम होता है । वरना मुहब्बत तो बड़ी पाक चीज़ है, मुहब्बत में तो खुद प्रभु बसते हैं ।"

रफ़ीक़ खुश हुआ । आगे समझाने लगा, "हम दोनों के बाप निहायत नेक आदमी है । मगर इस वक्त दोनों के सिरों में कम्बख्त शैतान घुस गया है । वही उनसे अड़ंगा डलवा रहा है । बताओ, क्या हम शैतान की चलने देंगे ?"

बेला ने बड़ी हिम्मत से कहा, "क्यों चलने देंगे ? शैतान की एक नहीं चलने देंगे ।"

दूसरे दिन सुबह मौलाना ने देखा कि बिस्तर पर रफ़ीक़ की जगह एक चिट्ठी पड़ी है । इधर पादरी ने भी देखा कि बेला के बिस्तर पर बेटी की जगह पर एक चिट्ठी पड़ी है । जब पादरी और मौलाना मिले, तो तय पाया गया

कि दोनों गायब हैं । चिट्ठियाँ पढ़ने से मालूम हुआ कि पिताओं को चिन्ता करने की ज़रूरत नहीं है और न उनकी तलाश करने की । वे जल्दी ही लौट आने वाले हैं ।

मौलाना और पादरी को बहुत अफ़सोस हुआ ।

पादरी ने घुटने टेक कर प्रार्थना की, ''हे प्रभु, मुझे माफ़ कर ! वह नहीं जानती कि वह क्या कर रही है । उसे सही रास्ता दिखा ।''

मौलाना ने दूसरी नमाज़ में हाथ फैलाकर दुआ माँगी, ''परवरदिग़ार, वह नादान है । उसे माफ़ फ़रमा और सही राह दिखा ।''

पादरी और मौलाना बड़े नेक आदमी थे और नेक आदमी की सच्चे दिल से की गयी प्रार्थना व्यर्थ नहीं जाती ।

दोनों के अलग-अलग प्रभुओं ने उनकी सन्तानों को सही रास्ता दिखाया। लगभग दस बजे वे दोनों एक ताँगे में बैठे उस रास्ते पर जा रहे थे । उस रास्ते का नाम था—अल्बर्ट रोड, जिसके उस छोर पर सिविल मैरेज़ के रजिस्ट्रार का दफ़्तर था ।

□

लंका-विजय के बाद

तब भरद्वाज बोले, "हे ऋषिवर, आपने मुझे परम पुनीत राम-कथा सुनायी, जिसे सुनकर मैं कृतार्थ हुआ । परन्तु भगवन्, लंका-विजय के बाद वानरों के चरित्र के विषय में आपने कुछ नहीं कहा । अयोध्या लौटकर वानरों ने कैसे कार्य किये, सो अब समझाकर कहिए ।"

याज्ञवल्क्य बोले, "हे भरद्वाज, वह प्रसंग श्रद्धालु भक्तों के श्रवण योग्य नहीं है । उससे श्रद्धा स्खलित होती है । उस प्रसंग के वक्ता और श्रोता दोनों ही पाप के भागी होते हैं ।"

तब भरद्वाज हाथ जोड़कर कहने लगे, "भगवन्, आप तो परम ज्ञानी है। आपको विदित ही है कि श्रद्धा के आवरण में सत्य को नहीं छिपाना चाहिए । मैं एक सामान्य सत्यान्वेषी हूँ । कृपा कर मुझे वानरों का सत्य चरित्र ही सुनाइए ।"

याज्ञवल्क्य प्रसन्न होकर बोले, "हे मुनि, मैं तुम्हारी सत्य-निष्ठा देखकर परम प्रसन्न हुआ । तुममें पात्रता देखकर अब मैं तुम्हें वह दुर्लभ प्रसंग सुनाता हूँ, सो ध्यान से सुनो ।"

इतना कहकर याज्ञवल्क्य ने नेत्र बन्द कर लिये और ध्यान-मग्न हो गये। भरद्वाज उनके उस ज्ञानोद्दीप्त मुख को देखते रहे । उस सहज, शान्त और सौम्य मुख पर आवेग और क्षोभ के चिह्न प्रकट होने लगे और ललाट पर रेखाएँ उभर आयीं । फिर नेत्र खोल कर याज्ञवल्क्य ने कहना प्रारम्भ किया:

"हे भरद्वाज, एक दिन भरत बड़े खिन्न और चिन्तित मुख से महाराज रामचन्द्र के पास गये और कहने लगे, 'भैया, आपके इन वानरों ने बड़ा उत्पाद मचा रखा है । राज्य के नागरिक इनके दिन-दूने उपद्रवों से तंग आ गये हैं। ये वानर लंका-विजय के मद से उन्मत्त हो गये हैं । वे किसी भी बगीचे में घुस जाते हैं और उसे नष्ट कर देते हैं; किसी के भी घर पर बरबस अधिकार जमा लेते हैं । किसी का भी धन-धान्य छीन लेते हैं, किसी की भी स्त्री का

अपहरण कर लेते हैं । नागरिक विरोध करते हैं, तो कहते हैं कि हमने तुम्हारी स्वतन्त्रता के लिए संग्राम किया था; हमने तुम्हारी भूमि को असुरों से बचाया; हम न लड़ते तो तुम अनार्यों की अधीनता में होते; हमने तुम्हारी आर्यभूमि के हेतु त्याग और बलिदान किया है । देखो, हमारे शरीर पर के घाव ।'

कहते-कहते भरत आवेश से विचलित हो गये । फिर खीझते-से बोले, 'भैया, मैंने आपसे पहले ही कहा था कि इन बन्दरों को मुँह मत लगाइए । मैं इसीलिए चित्रकूट तक सेना लेकर गया था कि आप अयोध्या की अनुशासन-पूर्ण सेना ही अपने साथ रखें । परन्तु आपने मेरी बात नहीं मानी। और अब हम परिणाम भुगत रहे हैं । ये आपके वानर प्रजा को लूट रहे हैं। एक प्रकार से वानर-राज्य ही हो गया है ।'

भरत के मुख से क्रोध के कारण शब्द नहीं निकलते थे । वे मौन हो गये । रामचन्द्र भी सिर नीचा करके सोचने लगे । हे मुनिवर, उस समय मर्यादापुरुषोत्तम के शान्त मुख पर भी चिन्ता और उद्वेग के भाव उभरने लगे।

सहसा द्वार पर कोलाहल सुनाई पड़ा । भरत तुरन्त उठकर द्वार पर गये और थोड़ी देर बाद लौटे तो उनका मुख क्रोध से तमतमाया हुआ था । बड़े आवेश से अग्रज से बोले, 'भैया, आपके वानर नया बखेड़ा खड़ा कर रहे हैं। द्वार पर इकट्ठे हो गये हैं और चिल्ला रहे हैं कि हमने आर्यभूमि की रक्षा की है, इसलिए राज्य पर हमारा अधिकार है । राज्य के सब पद हमें मिलना चाहिए; हम शासन करेंगे ।'

हे भरद्वाज, इतना सुनते ही राम उठे और भरत के साथ द्वार पर गये । उच्च स्वर में बोले, ''वानरो, अपनी करनी का बार-बार बखान कर मुझे लज्जित मत करो । इस बात को कोई अस्वीकार नहीं करता कि तुमने देश के लिए संग्राम किया है । परन्तु लड़ना एक बात है और शासन करना सर्वथा दूसरी बात । अब इस देश का विकास करना है, इसकी उन्नति करनी है । अतएव शासन का कार्य योग्य व्यक्तियों को ही सौंपा जायेगा । तुम लोग अन्य नागरिकों की भाँति श्रम करके जीविकोपार्जन करो और प्रजा के सामने आदर्श उपस्थित करो ।'

महाराज रामचन्द्र के शब्द सुनकर वानरों में बड़ी हल-चल मची । कुछ ने उनकी बात को उचित बतलाया । पर अधिकांश वानर क्रोध से दाँत

किटकिटाने लगे । उनमें जो मुखिया थे, वे बोले, 'महाराज, हम श्रम नहीं कर सकते । आपकी 'जय' बोलने से अधिक श्रम हमसे नहीं बनता। हमने संग्राम में पर्याप्त श्रम कर लिया । हमने इसलिए आर्य संग्राम में भाग नहीं लिया था कि पीछे हमें साधारण नागरिक की तरह खेतों में हल चलाना पड़ेगा। और अपनी योग्यता का परिचय हमने लंका में पर्याप्त दे दिया है। ये हमारे शरीर के घाव हमारी योग्यता के प्रमाण हैं । इन घावों से ही हमारी योग्यता आँकी जाये । हमारे घाव गिने जायें ।'

हे भरद्वाज, राम ने उन्हें समझाने का बहुत प्रयत्न किया, परन्तु वानरों ने बुद्धि को तो वन ही में छोड़ दिया था । हताश होकर राम ने भरत से कहा, 'भाई, ये नहीं मानेंगे । इनके घाव गिनने का प्रबन्ध करना ही पड़ेगा ।'

इसी समय उस भीड़ से गगनभेदी स्वर उठा, 'हमारे घाव गिने जायें । हमारे घाव ही हमारी योग्यता हैं ।'

तब भरत ने कहा, 'वानरो, अब शान्त हो जाओ । कल अयोध्या में 'घाव-पञ्जीयन कार्यालय खुलेगा । तुम लोग कार्यालय के अधिकारी के पास जाकर, उसे अपने सच्चे घाव दिखा, उससे प्रमाणपत्र लो । घावों की गिनती हो जाने पर तुम्हें योग्यतानुसार राज्य के पद दिये जायेंगे ।'

इस पर वानरों ने हर्ष-ध्वनि की । आकाश से देवताओं ने जय-जयकार किया और पुष्प बरसाये । हे भरद्वाज, निठल्लों को दूसरे की विजय पर जय बोलते और फूल बरसाने के अतिरिक्त और काम ही क्या है ? वानर प्रसन्नता से अपने-अपने निवासस्थान को लौट गये ।

दूसरे दिन से नंग-धड़ंग वानर राज-मार्गों पर नाचते हुए घाव गिनाने जाने लगे । अयोध्या के सभ्य नागरिक उनके नग्न-नृत्य देख, लज्जा से मुँह फेर-फेर लेते ।

हे भरद्वाज, इस समय वानरों ने बड़े-बड़े विचित्र चरित्र किये । एक वानर अपने घर में तलवार से स्वयं ही शरीर पर घाव बना रहा था । उसकी स्त्री घबरा कर बोली, 'नाथ, यह क्या कर रहे हो ?' वानर ने हँस कर कहा, 'प्रिये, शरीर में घाव बना रहा हूँ । आज-कल घाव गिन कर पद दिये जा रहे हैं । राम-रावण संग्राम के समय तो भाग कर वन में छिप गया था । फिर जब राम की विजय-सेना लौटी, तो मैं उसमें शामिल हो गया । मेरी ही तरह अनेक वानर वन से निकलकर उस विजयी सेना में मिल गये । हमारे तन

पर एक भी घाव नहीं था, इसलिए हमें सामान्य परिचायक का पद भी नहीं मिलता । अब हम लोग स्वयं घाव बना रहे हैं ।'

स्त्री ने शंका की, 'परन्तु प्राणनाथ, क्या कार्यालय वाले यह नहीं समझेंगे कि ये घाव राम-रावण संग्राम के नहीं हैं ?'

वानर हँस कर बोला, 'प्रिये, तुम बहुत भोली हो । वहाँ भी धाँधली चलती है ।'

स्त्री ने पूछा, 'प्रियतम, तुम कौन-सा पद लोगे ?'

वानर ने कहा, 'प्रिये, मैं कुलपति बनूँगा । मुझे बचपन से ही विद्या से बड़ा प्रेम है । मैं ऋषियों के आश्रम के आस-पास ही मँडराया करता था । मैं विद्यार्थियों की चोटी खींचकर भागता था, हव्य-सामग्री झपटकर ले लेता था। एक बार ऋषि का कमण्डलु ही ले भागा था । इसी से तुम मेरे विद्या-प्रेम का अनुमान कर सकती हो । मैं तो कुलपति ही बनूँगा ।'

याज्ञवल्क्य तनिक रुककर बोले, "हे मुनि, इस प्रकार घाव गिना-गिनाकर वानर जहाँ-तहाँ राज्य के उच्च पदों पर आसीन हो गये और वानर-वृत्ति के अनुसार राज्य करने लगे । कुछ काल तक अयोध्या में राम-राज के स्थान पर वानर-राज ही चला ।"

भरद्वाज ने कहा, "मुनिवर, वानर तो असंख्य थे, और राज के पद संख्या में सीमित । शेष वानरों ने क्या किया ?"

याज्ञवल्क्य बोले, "हे मुनि, शेष वानर अनेक प्रकार के पाखण्ड रचकर प्रजा से धन हड़पने लगे । जब रामचन्द्र ने जगज्ञननी सीता का परित्याग किया, तब कुछ वानरों ने सीता सहायता-कोष खोल दिया और अयोध्या के उदार, श्रद्धालु नागरिकों से चन्दा लेकर खा गये ।"

याज्ञवल्क्य ने अब आँखें बन्द कर लीं और बड़ी देर चिन्ता में लीन रहे। फिर नेत्र खोल कर बोले, "हे भरद्वाज, श्रद्धालुओं के लिए वर्जित यह प्रसंग मैंने तुम्हें सुनाया है । इसके कहने और सुनने वाले को पाप लगता है । अतएव हे मुनि, हम दोनों प्रायश्चित-स्वरूप तीन दिनों तक उपवास करेंगे ।"

□

मेनका का तपोभंग

मेनका रो रही थी और इन्द्र समझा रहा था, "ऐसा क्या हो गया ? मेरे लिए यह पहला अवसर तो था नहीं । तूने आज तक शिकायत नहीं की । पर आज तू बिलकुल पतिव्रता-जैसी बात कर रही है "

सुन्दरियों की मुसकानों और कटाक्षों को ग्रहण करने का अभ्यास था इन्द्र को । रोती हुई सुन्दरी को शान्त करना उसे नहीं आता था ।

मेनका ने पल्ले का इत्र निचोड़कर आँसू पोंछे और कहा, "मैं इस कार्य के लिए अब कभी नहीं जाऊँगी । मेरा घोर अपमान हुआ है । मेरी ऐसी विडम्बना कभी नहीं हुई ।"

"कैसा अपमान हुआ ? मुझे बता तो ।" इन्द्र ने बात का आधार पकड़ा।

मेनका फिर रोने लगी । इन्द्र ने कहा, "सुन्दरी, पाउडर की परतें घुल रही हैं, स्नो बह रहा है, रुज़ धुल रहा है । मेरी ख़ातिर नहीं तो अपने मेक-अप की ख़ातिर ही रोना बन्द कर ।"

मेनका ने रोना बन्द कर दिया । कहा, "किसी समय मेरी ऐसी महत्ता थी कि बड़े-बड़े तपस्वियों का तप भंग करने भेजी जाती थी और आज मैं इतनी गयी-बीती हो गयी हूँ कि......"

महीने-भर पहले ही मेनका पृथ्वी पर भेजी गयी थी और उसके जिम्मे वही काम था जो वह युगों से करती आ रही थी । उस दिन दोपहर को इन्द्र भोजनोपरान्त सिंहासन पर लुढ़का ऊँघ रहा था कि एकाएक इन्द्रासन डोल उठा । वह चौंक कर खड़ा हो गया और काँपते सिंहासन को देखता रहा । फिर खुद भी सिंहासन की ही तरह काँपने लगा ।

कहीं से घूमते-घामते नारद मुनि आये । इन्द्र को देखा । घबराया हुआ विवर्ण मुख । पूछा, "क्या बात है, देवराज ? कौन-सा संकट आ गया ? किसी तपस्वी ने तुम्हें चुनौती दी होगी, किसी पुण्यवान् का धक्का लगा होगा।"

इन्द्र ने कहा, ''सो तो जानता हूँ । मनुष्यों में कोई घोर तपस्या कर रहा है । कोई मेरा पद छीनना चाहता है, कोई इन्द्रासन पर अधिकार करना चाहता है । आप तो सकल ब्रह्माण्ड में घूमते रहते हैं । बताइए किसकी तपस्या इतनी बढ़ गयी है ?''

नारद ने ध्यान किया । फिर आँखें खोलकर कहने लगे, ''मैं समझ गया, देशभूषण भैय्या सा'ब की तपस्या चरम सीमा पर पहुँच गयी है । वे इन्द्रासन के अधिकारी हो ही रहे हैं ।''

भय और उत्सुक्ता से इन्द्र ने पूछा, ''भैय्या सा'ब कौन हैं ? कहाँ रहते हैं ? क्या करते हैं ? कैसी तपस्या करते हैं ? सो सब समझाकर कहिए मुनिवर ! आशंका से मैं मरा जा रहा हूँ ।''

नारद ने पृथ्वी पर भैय्या सा'ब का पता-ठिकाना बताया और उनकी तपस्या के सम्बन्ध में बतलाने लगे, ''देवराज, भैय्या-सा'ब कितनी ही तरह की तपस्या करते हैं । वे पिछले तीस वर्षों से मानव-सेवा कर रहे हैं । देश के स्वतन्त्रता-संग्राम में वे दो बार जेल गये । स्वतन्त्रता-प्राप्ति के पश्चात् वे ज़िम्मेदारी के पदों पर रह कर शासन चलाते रहे हैं । इसके अतिरिक्त वे और कई तरह की सेवा करते हैं । वे हरिजन सेवक-संघ के नेता हैं और हरिजनों का कल्याण करते हैं । भारत-सेवक-समाज के नेता के रूप में सम्पूर्ण भारत की सेवा करते हैं । सर्वोदय आन्दोलन में भी वे हैं और सबके समान विकास के लिए कार्य कर रहे हैं । महिला उत्कर्ष मण्डल के वे अध्यक्ष हैं और नारी जाति की सेवा कर रहे हैं । विस्थापित संघ के भी वे अध्यक्ष हैं और दुःखी शरणार्थियों के आँसू पोंछते हैं । भिक्षुक-सदन के वे व्यवस्थापक हैं । देवराज, भैय्या सा'ब के गुण तो सरस्वती भी नहीं गा सकती ! वे प्रतिदिन दो-तीन सभाओं में मानव-कल्याण पर भाषण दिये बिना सोते नहीं है । एक दिन रात को भैय्या सा'ब अपने कमरे में बैठे-बैठे रस्सी से गला घोंट रहे थे । प्राण निकलने ही वाले थे कि उनका एक भक्त वहाँ आ गया। उसने पहले तो गला ढीला किया, फिर पूछा, 'भैय्या सा'ब, आप गला क्यों घोंट रहे थे ?' भैय्या सा'ब ने कहा, 'ऐसे गले को क्या करूँ जिसमें आज दिन-भर एक भी पुष्पहार नहीं पड़ा…!'

''बस, उसी दिन से उनके भक्तों ने भैय्या-सा'ब के मूल्यवान् प्राणों की

रक्षा के लिए यह नियम बना लिया है कि प्रतिदिन शाम को उनमें से कोई उनके गले में हार डाल देता है । हे इन्द्र ! सारा संसार भैया सा'ब की जय बोल रहा है । स्वर्ग का राज्य वे किसी दिन भी तुम से छीन लेंगे ।''

इन्द्र चिन्ता में डूब गया । नारद मौन हो गये । इन्द्र ने धीरे से सिर उठाया । भर्राई आवाज़ में बोले, ''मुनिवर, मैं अब क्या करूँ ? इन्द्रासन की रक्षा कैसे हो ?''

नारद ने हँसते हुए कहा, ''यह तो तू जानता ही है । ऐसे संकट पहले भी आ चुके हैं ।''

इन्द्र ने कहा, ''तप भंग करवाऊँ ? मेनका को भेजूँ ?''

नारद हँसे, बोले, ''मैं बताता हूँ, वैसा कर । महिलाओं के काम करने, उन्हें पढ़ाने और गृहकार्य सिखाने के लिए महिला-उत्कर्ष-मण्डल को एक केन्द्र-संचालिका की आवश्यकता है । भैय्या सा'ब मण्डल के अध्यक्ष हैं और उन्होंने पत्रों में विज्ञापन दिया है । मेनका से रूप बदलवा कर उक्त पद के लिए आवेदन-पत्र दिलवा दें ।''

इन्द्र ने आपत्ति की, ''पर मेनका अपना पता-ठिकाना क्या देगी ? देवलोक में तो पृथ्वी से अभी डाक आती नहीं है ।''

नारद ने समस्या को हल किया, ''फिर ऐसा करो, उक्त पद के लिए कालीपुर की अन्यतम रूपवती तरुणी किरनबाला ने आवेदन-पत्र दिया है । तुम मेनका से कहो कि सूक्ष्म रूप में उसके शरीर में प्रवेश कर जाये और अपना काम करे ।''

इन्द्र की आज्ञानुसार मेनका किरनबाला के शरीर में प्रविष्ट हो गयी जिससे उसका लावण्य कई गुना बढ़ गया । किरनबाला की चेतना पर मेनका का अधिकार हो गया, इसलिए हम उसे मेनका नाम से ही जानेंगे ।

मेनका को एक दिन इण्टरव्यू का न्यौता मिला । एक सप्ताह बाद इण्टरव्यू हुआ । इण्टरव्यू लेने अध्यक्ष भैय्या सा'ब बैठे, उनके दायें-बायें दो अन्य सदस्य थे । मेनका रूप की किरणें बिखेरती कमरे में आयी । भैय्या सा'ब ने उसे देखा तो उनकी पलकें झप गयीं । पलकें खोलकर फिर देखा और फिर पलकें झपने लगीं । प्रश्न पूछे जाने लगे ।

''शिक्षा कहाँ तक हुई है ?''

''बिलकुल नहीं,'' रूप-गर्विता शिक्षा को हेय वस्तु समझती थी ।

''सीना-पीरोना, कढ़ाई-बुनाई, सिलाई आदि सिखा सकती हो ?''

''नहीं, यह सब तो मुझे नहीं आता ।'' रूप काम नहीं करता ।

''शिशु-पाठन ?''

''नहीं, शिशु से मेरा कभी काम ही नहीं पड़ा,'' चिरकुमारी ने कहा ।

एक सदस्य ने कहा, ''इनसे अपना काम नहीं चलेगा । इन्हें तो कुछ भी नहीं आता ।''

भैय्या सा'ब ने ज़ोर देकर कहा, ''नहीं, ये बहुत उपयोगी सिद्ध होंगी । इनमें छिपी हुई प्रतिभा और क्षमता को मेरी अनुभवी आँखें देख रही हैं । इनकी नियुक्ति होगी ।''

मेनका की नियुक्ति हो गयी ।

पन्द्रह-बीस दिन वहाँ रहकर आज ही देवलोक आयी है और तभी से रो रही है ।

इन्द्र ने कहा, ''मुझे बताओ तो कि किसने तुम्हारा अपमान किया ?''

मेनका ने कहा, ''विचित्र अनुभव हुआ है मुझे । मैंने बहुत तपस्वी देखे हैं, पर ऐसा पहली बार ही देखा । मैं दफ़्तर के पास ही एक मकान में रहने लगी और तपस्वी को मोहित करने की योजना बनाने लगी । मैंने रूप को सँवारा, भाव-भंगिमाएँ साधीं, कटाक्ष और मुसकान में वक्रता का अभ्यास किया, हाव-भाव निश्चित किये और नृत्य-मुद्राएँ साधीं । मुझे तब विश्वास था कि तपस्वी को जीतना बड़ा कठिन होता है, अपने समस्त रूप-लावण्य और कौशल को दाव पर लगाना पड़ता है । इसके बाद भी पहले अवहेलना और अपमान सहने पड़ते हैं । मैं इन सबके लिए तैयार थी । पर वहाँ तो उलटा ही हुआ । दो-तीन दिनों बाद ही भैय्या सा'ब खुद मेरे घर के चक्कर लगाने लगे ।' एक दिन घर में आकर बैठ गये और पूछने लगे कि 'तुम्हें कोई तकलीफ़ तो नहीं, कोई चीज़ तो नहीं चाहिए ?' दूसरे दिन आये तो मेरा हाथ अपने हाथ में लेकर बोले, 'तुम मेरी हृदयेश्वरी हो···'। मेरी सारी विद्याएँ रखी रह गयीं । मेरा मन शिथिल हो गया, कुरुचि से भर गया । मुझे ऊब-सी आने लगी । मैंने हाथ झटककर कहा, 'आपको यह शोभा नहीं देता । मैं तो आपकी नौकर हूँ । जिसे वेतन देते हैं, उसे हृदयेश्वरी नहीं बनाते ।' वे

मुग्ध-भाव से कहने लगे, 'कौन कहता है, तुम नौकर हो ? तुम तो रानी हो। और मैं तुम्हारा दास हूँ ।' मुझे न जाने कैसा लगा । दूसरे दिन आ कर कहने लगे कि मैंने तुम्हारी तनख्वाह दुगुनी कर दी है । मैं फिर भी अनुकूल नहीं हुई । वे जाते-जाते धमकी दे गये कि 'तुम मेरी बात नहीं मानोगी तो मैं तुम्हें नौकरी से निकाल दूँगा ।' मैं कुछ समझ नहीं पा रही थी कि मुझे क्या करना है ! मुझे व्यर्थता का अनुभव होने लगा, मेरा यहाँ क्या काम था जो मुझे भेजा गया ?

दूसरे दिन जब उन्होंने प्रणय-निवेदन किया तो मैंने कह दिया, 'भैय्या सा'ब आप नहीं जानते, मैं मेनका हूँ ।' एक क्षण तो वे आश्चर्य से देखते रहे । फिर बोले, 'अच्छा ! तुम्ही मेनका हो ! मैंने तुम्हारा नाम बहुत सुना था । आज तुम्हें पाया ।' मैंने कहा, 'जरा सोचिए तो, मुझे इन्द्र ने आप की तपस्या भंग करने भेजा है ।' वे बहुत खुश हुए । कहने लगे, 'यह मेरा अहोभाग्य है कि मैं इस योग्य समझा गया ।' वे कहने लगे, 'सुनो मेनका, अब तुम लौटकर इन्द्र के पास मत जाओ, यहीं रहो । मैं तुम्हारा सब प्रबन्ध कर दूँगा । चैन से रहो ।' मैं बड़ी परेशान थी । खीझ कर कहा, 'आप बिल्कुल भोले हैं । आपकी तपस्या से इन्द्रासन डोल उठा है । इन्द्र घबरा गया है । आप उसके सिंहासन पर बैठ सकते हैं ।' यह सुनकर भैय्या सा'ब के मुख पर खिन्न मुसकान आयी । जानते हैं उन्होंने क्या कहा ?

उनके शब्दों से मेरा सारा अभिमान नष्ट हो गया । मैं ग्लानि से गल गयी, यह सोच कर कि आपने मुझ-जैसी शक्तिमान् अप्सरा का उपयोग किस निकृष्ट कर्म के लिए किया है । मैं क्या इतनी गयी-बीती हूँ ?

उन्होंने जवाब दिया, 'मुझे ग़लत समझा गया । मैंने स्वर्ग पाने के लिए, इन्द्रासन पाने के लिए तपस्या नहीं की । मुझे यह कुछ नहीं चाहिए । मैं तो तुम्हारे लिए तपस्या कर रहा था, मेरी मेनका रानी !' ''

□

त्रिशंकु[1] बेचारा !

किसी शहर के एक गन्दे मुहल्ले के एक छोटे-से कच्चे मकान में एक आदमी रहता था । उसका नाम त्रिशंकु था । वह एक स्कूल में पढ़ाता था ।

यों त्रिशंकु को लगभग हर चीज़ से असन्तोष था, पर सबसे अधिक शिकायत अपने मकान से थी । उसके जीवन की सबसे बड़ी अभिलाषा थी कि मैं अच्छे मुहल्ले में अच्छे मकान में रहूँ । मकान-मालिकों के जो बेटे उस के स्कूल में पढ़ते थे, उन्हें वह बहुत प्यार करता था, परीक्षा के मौसम में उन्हें महत्त्वपूर्ण प्रश्न बता आता था और अधिक नम्बर भी देता था । सोचता था, किसी दिन कोई मकान-मालिक मुझसे प्रसन्न होकर पूछेगा, "तुझे क्या चाहिए?" और मैं कहूँगा, "एक अच्छा-सा मकान ।"

उस शहर के रेण्ट कण्ट्रोलर विश्वामित्र थे । विश्वामित्र मकानों के किराये पर नियन्त्रण रखते थे और ख़ाली मकान किरायेदारों को देते थे ।

विश्वामित्र का लड़का त्रिशंकु की कक्षा में पढ़ता था और त्रिशंकु भी उसे बहुत प्यार करता था । लड़का पढ़ाई में बहुत कमज़ोर था और विश्वामित्र ने उससे कह दिया था कि पुस्तकें सँभाल कर रखना; अगले साल वही काम आयेंगी ! पर त्रिशंकु ने उसे कुछ ऐसे प्रश्न बताये और बाद में कुछ इस तरह उसके नम्बर भरवाये कि वह पास हो गया ।

विश्वामित्र बहुत प्रसन्न हुए । एक दिन जब त्रिशंकु लड़के के पास होने की मिठाई खा रहा था, तब वे बोले, "त्रिशंकु मास्टर, मैं तुमसे बहुत खुश हूँ। मैं तुम्हारे लिए कुछ करना चाहता हूँ । बोलो, तुम्हें क्या चाहिए ।"

त्रिशंकु इसी क्षण का वर्षों से इन्तज़ार कर रहा था । उसकी आँखों में कितने ही मकान झूल गये । पर उसने उतावली नहीं की । बड़े धीरज से

1. पौराणिक कथा है कि त्रिशंकु को ऋषि विश्वामित्र ने अपने तपोबल से सदेह स्वर्ग भेज दिया था, पर देवों ने उसे वहाँ से निकाल दिया । इधर विश्वामित्र ने उसे पृथ्वी पर नहीं आने दिया और वह बीच में ही उलटा लटका है ।

वह बोला, ''साहब, मैंने ऐसा क्या किया है, जिसका बदला चाहूँ ? मैंने तो अपना कर्त्तव्य किया है । आप सारे शहर के लोगों को रहने के लिए मकान देते हैं और आपका ही लड़का पास न होता तो शहर के लिए बड़ी शर्म की बात होती । मैंने तो एक नागरिक के नाते अपना कर्त्तव्य किया है । मुझे आपकी कृपा के सिवा और कुछ नहीं चाहिए ।''

इन शब्दों से विश्वामित्र का हृदय और चौड़ा हो गया । वे त्रिशंकु पर दया करने के लिए बहुत लालायित हो उठे । बोले, ''नहीं, त्रिशंकु, तुम कुछ माँग लो । तुम्हारा मुझ पर ऋण है । बालक का एक पिता जन्मदाता है और दूसरा विद्या देनेवाला । तुमने लड़के को पढ़ाई-लिखाई के सिवा यह अमूल्य विद्या भी सिखायी है कि अयोग्य होकर भी सफलता कैसे प्राप्त करनी चाहिए। तुम्हारा दर्जा मुझसे भी ऊँचा है । बोलो, तुम्हें क्या चाहिए ।''

त्रिशंकु ने देखा कि लोहा खूब गरम हो चुका है । उसने कहा, ''अच्छा साहब, अगर आप प्रसन्न हैं, तो मुझे किसी अच्छे मुहल्ले में एक अच्छा-सा मकान दिला दीजिए ।''

विश्वामित्र ज़रा सोच में पड़ गये । कहने लगे, ''त्रिशंकु मास्टर, तुमने बड़ी कठिन माँग कर दी । मकानों का बेहद अभाव है । तुम मकान की जगह अगर कोई देश माँग लेते तो देने में कठिनाई न होती । ख़ैर, मैं वचन हार चुका हूँ । तुम्हें मकान दिलाऊँगा ।''

विश्वामित्र ने टेबल की दराज़ से एक डायरी निकाली और उसके पन्ने पलटने लगे । एक पृष्ठ पर आकर रुके और फ़ोन लगाया—''हलो, इन्द्रजी हैं क्या ?···मैं विश्वामित्र बोल रहा हूँ···नमस्कार··· जी हाँ, आपकी कृपा है······ हँ हँ हँ हँ··· देखिए, मैंने एक ख़ास कारण से आपको कष्ट दिया है······आपके पास कोई मकान ख़ाली है क्या ?·····अच्छा·····मेरे एक अपने आदमी हैं······हाँ, भले आदमी हैं···तो उन्हें भेज दूँ ?······शाम तक ? अच्छा-अच्छा·····धन्यवाद।''

विश्वामित्र ने फ़ोन रखा । त्रिशंकु से कहा, ''लो, तुम्हारा कार्य हो गया। शहर के सबसे अच्छे मुहल्ले में तुम्हारे लिए मकान तय हो गया ।''

त्रिशंकु का चेहरा, जिसकी एक-एक पंखुड़ी फ़ोन पर हुई एक-एक बात से खुलती जा रही थी, अब पूरी तरह खिल गया । उसने पूछा, ''यह मकान किस जगह है ?''

विश्वामित्र ने कहा, "अपने शहर के सबसे सुन्दर मुहल्ले में, 'स्वर्ग-पुरी' में जिसे 'सिविल लाइन्स' भी कहते हैं, वहाँ इन्द्रदेव नामक एक सज्जन के कई मकान हैं। इन्द्रदेव पहले लोक-कर्म-विभाग में इंजीनियर थे और राष्ट्र-निर्माण का काम उन्होंने इतनी दिलचस्पी से किया कि रिटायर होते-होते उनके अपने भी पन्द्रह-बीस मकान हो गये। ये सब किराये पर चल रहे हैं। इन्हीं में से एक मकान का एक हिस्सा तुम्हें मैंने दिला दिया है।"

पहला प्रश्न जो त्रिशंकु ने उठाया, वह था, "किराया ?"

विश्वामित्र ने कहा, "उसकी चिन्ता मत करो। मैं सब बातें कर लूँगा। तुम तो शाम को इन्द्र जी के पास पहुँच जाओ और जो मकान वे बतायें, उसमें डेरा डाल दो। आज इकतीस तारीख़ है। यह मकान आज ही ख़ाली कर दो, वरना कल मकान-मालिक एक माह का किराया रखा लेगा। तुम तो सामान लेकर चले जाओ।"

त्रिशंकु दुविधा में पड़ गया। स्वर्गपुरी या सिविल लाइन्स की दुनिया ही दूसरी थी। वहाँ के निवासी कितने भिन्न प्रकार के थे। त्रिशंकु उन्हें प्रशंसा और भय से देखता था। उसने वहाँ रहने की कल्पना कई बार की थी और उसे सुख का अनुभव हुआ था। पर अब जब वहाँ रहने का मौक़ा आ गया, तब उसका मन आगा-पीछा करने लगा। सोचने लगा, मैं वहाँ कैसे रहूँगा ? वे लोग मुझे वहाँ रहने भी कैसे देंगे ?

उसने डरते-डरते कहा, "साहब, वहाँ तो और तरह के लोग रहते हैं। वह जाति ही दूसरी है। वे मुझे अपने बीच कैसे रहने देंगे ?"

विश्वामित्र बोले, "तुम कैसी नासमझी की बातें करते हो, त्रिशंकु ! वहाँ मकान मिलना बड़े सौभाग्य की बात है और तुम उसी सौभाग्य को ठुकरा रहे हो। तुम डरो मत। बेखटके चले जाओ। मैंने कह दिया है तो इन्द्रजी तुम्हें हाथ जोड़कर मकान देंगे।"

त्रिशंकु का मन फिर भी आगे नहीं बढ़ा। उसने बड़ी दीनता से कहा, "साहब, मुझे न जाने कैसा लग रहा है। मुझे लगता है, वहाँ हम केवल मन से रह सकते हैं; सदेह रहने जायेंगे, तो वे लोग स्वीकार नहीं करेंगे।"

विश्वामित्र का अभिमान जाग उठा। त्रिशंकु उनकी शक्ति पर अविश्वास कर रहा था। वे उठकर खड़े हो गये। उनका तेज जागृत हो गया। बोले,

''त्रिशंकु, मैं विश्वामित्र हूँ, रेण्ट कण्ट्रोलर । मेरी बात कोई मकान-मालिक नहीं टाल सकता । मेरी भी बीस साल की सर्विस है । यह कुछ कम तपस्या नहीं है । मैं तुम्हें स्वर्गपुरी में बसाऊँगा । मेरा वचन ख़ाली नहीं जा सकता। जाओ, शाम तक इन्द्रजी के पास पहुँच जाना ।''

त्रिशंकु ने शाम को एक ठेले पर सामान लदवाया और सिविल लाइन्स की राह पकड़ी । इन्द्रजी के बँगले पहुँचा । इन्द्रजी बगीचे में आराम कुरसी पर लुढ़के हुए माली को हिदायतें दे रहे थे । त्रिशंकु ने ठेला सड़क पर खड़ा किया और इन्द्र के सामने जा कर खड़ा हो गया ।

''नमस्कार साहब !''

''हूँ, क्या काम है ?''

नमस्कार के जवाब में 'हूँ' पाकर त्रिशंकु का माथा गरम हुआ । अपनी ग़रज जान वह सह गया । उसे लगा, जैसे वह किसी के द्वार पर भीख माँगने खड़ा है और घर में से आवाज़ आ रही है कि आगे बढ़ो ।

मन को जमा कर उसने कहा, ''आपको विश्वामित्रजी ने मकान के बारे में फ़ोन किया था न, उसी के लिए...''

इन्द्र बोले, ''हाँ, हाँ, ठीक है । कहाँ हैं तुम्हारे साहब ?''

''कौन साहब ?'' त्रिशंकु बात समझा नहीं ।

इन्द्र ने खीझ कर समझाया, ''अरे वही, जो मकान में रहेंगे ।''

त्रिशंकु को झटका लगा । वह बोला, ''जी मैं...मैं ही रहूँगा ।''

इन्द्र उठकर बैठ गये । आँखें निकालकर उसे देखा और झल्ला पड़े, ''तू? तू रहेगा मेरे मकान में ? विश्वामित्र क्या दिन में भी नशा किये रहते हैं ?''

त्रिशंकु ने साहस बटोरा । पूछा, ''क्यों ? ऐसी क्या अनहोनी हो गयी?''

इन्द्र ने अपने-आप कहा, ''मैं तो समझा था, किसी शरीफ़ आदमी के लिए मकान चाहते हैं ।''

त्रिशंकु ने मकान की आशा छोड़ दी । इससे उसमें ताक़त आ गयी । वह कड़ककर बोला, ''मैं क्यों नहीं रह सकता ? मैं क्या आदमी नहीं हूँ।''

इन्द्र ने उसे फिर ध्यान से देखा और बोले, ''जो सिर्फ़ आदमी हैं, वह यहाँ नहीं रह सकता ।''

"मतलब ?" त्रिशंकु ने पूछा ।

इन्द्र ने कहा, "मतलब यह कि तुम यहाँ रहने के क़ाबिल नहीं हो । मैं देखकर ही आदमी को समझ जाता हूँ ।"

त्रिशंकु की स्कूल-मास्टरी जाग उठी थी । वह बात को पूरी तरह समझ और समझा लेना चाहता था । बोला, "तो यहाँ रहने के लिए क्या क़ाबलियत चाहिए ?"

इन्द्र ने नाराज़ी से उसे देखा और कहा, "भिखमंगे यहाँ नहीं रह सकते। तुम्हारे पास मोटर है ? ट्रांजिस्टर-सेट है ? रेफ्रेजरेटर है ? सोफ़ा-सेट है ?"

त्रिशंकु इन्द्रजी की रोषपूर्ण छवि देखता रहा ।

इन्द्र बोलते गये, "बच्चे पब्लिक स्कूल में पढ़ते हैं कि गँवारों के स्कूल में? केक्टस के कितने प्रकार जानते हो ? किस क्लब में जाते हो ?"

जवाब के लिए थोड़ा वक्त देकर इन्द्र ने कहा, "फिर तुम ने यहाँ आने की हिम्मत कैसे की ?"

त्रिशंकु ने ज़रा अकड़कर कहा, "मुझे विश्वामित्र जी ने भेजा है । वे रेण्ट कण्ट्रोलर हैं । उनका ऑर्डर..."

इन्द्र तपाक् से उठ खड़े हुए । एक अँगुली उसकी ओर ऐसे घुमाते हुए, जैसे इससे कलेजा फाड़ देंगे, वे चीखे, "मुझे विश्वामित्र का डर दिखाता है ! ऐसे रेण्ट कण्ट्रोलर यहाँ बीसों आ चुके हैं । सेक्रेटरी से कहकर कल ही तबादला करा दूँगा । विश्वामित्र का बाप भी तुम्हें यहाँ नहीं बसा सकता। मेरे मकानों को अनाथालय समझ रखा है ?"

विश्वामित्र को जब गाली पड़ गयी, तब त्रिशंकु ने वहाँ रुकने का कोई कारण नहीं देखा । उसने ठेला लौटाया और सीधे विश्वामित्र के बँगले पहुँचा। बोला, "साहब, इन्द्रदेव ने मुझे भगा दिया । कहा कि तुम यहाँ रहने के लायक़ नहीं हो । उन्होंने आपको भी गालियाँ दीं ।"

विश्वामित्र की भृकुटि कुटिल हो गयी; आँखें क्रोध से लाल हो उठीं । बोले, "उस इन्द्र के बच्चे की इतनी हिम्मत ! मैं उसे कल देखूँगा । तुम रात कहीं काट लो । कल मैं तुम्हें उसका मकान दिलाऊँगा ।"

त्रिशंकु ने हाथ जोड़कर कहा, "साहब, मैं वहाँ नहीं जाऊँगा । वे लोग बड़े जंगली हैं । मैं उनके बीच में नहीं रहना चाहता ।"

विश्वामित्र ने अब उसे गुस्से से देखा और कहा, "तुम्हें वहाँ रहना होगा। अब यह तुम्हारे मकान का सवाल नहीं रहा; मेरी प्रतिष्ठा का सवाल बन गया है ।"

त्रिशंकु ने कहा, "साहब, अब इस बात को छोड़िए । मैं वहाँ नहीं जाऊँगा । मैं तो अपने उसी मकान में रहूँगा ।"

वह चलने को मुड़ा । विश्वामित्र ने कहा, "मगर वहाँ कैसे रह सकते हो ? वह मकान तो मैंने आज दूसरे को 'एलॉट' कर दिया ।" त्रिशंकु की आँखों के सामने दुनिया थोड़ी देर तक गोल-गोल घूमती रही ।

वह सड़क पर आया और ठेला लेकर एक धर्मशाला की तरफ़ चल पड़ा।

तब से त्रिशंकु धर्मशाला में पड़ा है ।

□

बैताल की छब्बीसवीं कथा

बैताल ने विक्रम से कहा, "हे विक्रम, मैं तुझसे बहुत प्रसन्न हूँ, इसलिए तुझे एक कथा और सुनाता हूँ । सुन :

एक समय की बात है । एक नगर में शिवदत्त नामक एक वेदपाठी धार्मिक ब्राह्मण रहता था । उसके घर एक पुत्र ने जन्म लिया, जिसका नाम देवदत्त रखा गया । देवदत्त बड़ा सुन्दर लड़का था । वह चन्द्रमा की कला की भाँति बढ़ने लगा । जब उसके दूध के दाँत आये, तो उसके माता-पिता ने देखा कि लड़के के सामने के दो दाँत बहुत बड़े हैं । एक दिन शिवदत्त ब्राह्मणी से कह रहा था, 'कोई चिन्ता की बात नहीं है । ये तो दूध के दाँत हैं । इनके टूटने पर सुडौल दाँत आ जायेंगे ।' बालक देवदत्त यह सुनकर बड़े जोर से रोने लगा और 'ऊँ हूँ ! ऊँ हूँ !' चिल्लाने लगा । माता-पिता को बड़ा आश्चर्य हुआ कि यह अबोध बालक उनकी बात कैसे समझा और क्यों रोया । जब कभी दाँतों की बात निकलती और उन बड़े बेडौल दाँतों की बुराई होती, देवदत्त चीखने-चिल्लाने लगता ।

देवदत्त बड़ा हुआ । उसके दूध के दाँत टूटे और नये दाँत आये । पर माता-पिता की आशा व्यर्थ गयी । नये दाँत पहले से भी बड़े और बाहर निकले हुए थे । एक दिन उसकी माँ अपने पति से कह रही थी, 'लड़के का मुँह तो सुडौल है, पर इन दाँतों ने उसका चेहरा बिगाड़ दिया है ।' शिवदत्त ने कहा, 'हम डॉक्टर से इसके ये दाँत निकलवाकर नये छोटे दाँत लगवा देंगे ।' देवदत्त ने, जो वहीं खेल रहा था, यह बात सुन ली । वह कहने लगा, 'मैं ये दाँत नहीं निकलवाऊँगा ।' शिवदत्त ने उसे समझाया, तो वह रोने लगा और बोला, 'नहीं, चाहे कुछ हो, मैं ये दाँत नहीं निकलवाऊँगा ।' माता-पिता ने यह सोचकर धीरज रखा कि यह अभी नादान है, बड़ा होने पर हठ नहीं करेगा ।

हे विक्रम, देवदत्त पाठशाला जाने लगा । वहाँ उसके सहपाठी उसे चिढ़ाते

थे । कोई कहता, 'इसने घर के खपड़े लगा रखे हैं ।' कोई कहता, 'यह हल के फल हैं, जिनसे आगे चलकर यह खेती करेगा ।' कोई कहता, 'भगवान् का वाराह अवतार हुआ है ।' पर देवदत्त पर कोई प्रभाव न पड़ता। वह हँसता ही रहता । वह जब कॉलेज में पहुँचा, तो उसके सहपाठियों ने उसे 'डेण्टिस्ट' नाम दे दिया । इस नाम से भी देवदत्त बिलकुल नहीं चिढ़ता। वह सन्त-जैसा शान्त रहता, हँसता रहता ।

उसकी पढ़ाई समाप्त हुई । अब शिवदत्त अपने पुत्र के विवाह की चिन्ता करने लगा । कई जगह विवाह की बात आयी-गयी, पर सम्बन्ध कहीं भी तय नहीं हो सका । लड़की वाले आते और देवदत्त के दाँत देखकर लौट जाते । तब एक दिन शिवदत्त उसे पुनः समझाने लगा, 'बेटा, हठ छोड़ दे । इन दाँतों को निकलवाकर दूसरे दाँत लगवा ले । किसी अच्छ घर में विवाह हो जाएगा ।' यह सुनकर देवदत्त बोला, ''पिताजी,चाहे मैं कुँआरा रह जाऊँ, पर इन दाँतों को नहीं निकलवाऊँगा । ये मुझे प्राणों से भी अधिक प्यारे हैं।' शिवदत्त बेटे की हठ के सामने हार गया । उसने एक दरिद्र घर में साधारण लड़की से उसकी शादी कर दी ।

हे राजन्, अब देवदत्त नौकरी करने लगा । वह अपने दाँतों को शोभा की तरह गर्व से धारण करता । उसने दोनों दाँतों में सोने की एक-एक कील ठुकवा ली जिससे वह दमकने लगे ।

देवदत्त का एक मित्र था, जिसका नाम विष्णुदत्त था । विष्णुदत्त ने एक दिन उससे कहा, 'बन्धु, इन बेडौल दाँतों से तुम्हारा इतना मोह क्यों है ? वे तुम्हारे सुन्दर मुख को विकृत कर देते हैं, फिर भी तुम इन्हें क्यों इतना चाहते हो ?' देवदत्त ने कहा, 'बन्धु, तुम नहीं जानते, कोई नहीं जानता कि इन दाँतों का मेरे लिए क्या मूल्य है । ये अत्यन्त पवित्र दाँत हैं, मेरे पूर्व जन्म के पुण्य के फल हैं । ये मुझे वरदान में मिले हैं । मुझे वह दृश्य अब तक याद है, जब धर्मराज ने अपने सहायकों को मुझे बड़े दाँत देने का आदेश दिया था।'

यह सुनकर विष्णुदत्त बड़े आश्चर्य में पड़ गया । उसने कहा, 'बन्धु क्या तुम्हें पूर्व जन्म का वृत्तान्त मालूम है ? मुझे बतलाओ कि तुमने उस जन्म में कौन से पुण्य किये थे, जिनके फलस्वरूप तुम्हें ये दाँत मिले ?'

हे विक्रम, मित्र की जिज्ञासा देख और उसे अधिकारी समझकर देवदत्त

ने कहा, 'बन्धु, मैं तुझे अपने पूर्व-जन्म का वृत्तान्त सुनाता हूँ, जो मैंने किसी को नहीं सुनाया । ध्यान देकर सुन :

'पिछले जन्म में मैं एक प्राइवेट कॉलेज में लेक्चरर था । उस संस्था का प्रबन्ध करने के लिए एक समिति थी जिसके अध्यक्ष बाबू मिठाईलाल थे, जिनकी चौक में मिठाई की बड़ी दूकान थी । बन्धु, बाबू मिठाईलाल ही हमारे कॉलेज के कर्त्ता-धर्त्ता थे, उन्हीं की इच्छा से नियुक्ति होती थी और उन्हीं की अप्रसन्नता से नौकरी समाप्त होती थी । हम सब लेक्चरर प्रोफ़ेसर लोग बाबू मिठाईलाल की दूकान पर रोज़ जाते थे । प्रातःकाल जब हमें पढ़ाने के लिए अध्ययन करना चाहिए, हम बाबूजी की दूकान पर बैठकर उनकी प्रशंसा करते या उनके बच्चों को खिलाते थे । बन्धु, मैंने जलेबी बनाना सीख लिया था और कई बार उनकी दूकान पर जब मेरे साथी न होते, मैंने जलेबी भी बनायी थी । इससे बाबूजी बहुत प्रसन्न हुए थे ।

बन्धु, एक बार उस कॉलेज में, असिस्टेण्ट प्रोफ़ेसर की एक जगह ख़ाली हुई । यह ऊँचा पद था और वेतन भी डेवढ़ा था । मुझसे दो सीनियर लेक्चरर थे । मेरा नम्बर तीसरा था । इसलिए, सबको विश्वास था कि वह पद उन दो में से किसी को मिलेगा । पर मैं निराश नहीं हुआ । मैंने भी प्रयत्न किये। मैं बाबू मिठाईलाल की दूकान पर अधिक बैठने लगा । मैंने बड़ी लग्न से इमरती बनाना भी सीख लिया और जब एक दिन मैंने इमरती बनाकर दिखायी तब तो बाबूजी बहुत प्रसन्न हुए । कहने लगे, 'वाह, मुझे नहीं मालूम था कि इतिहास का प्रोफ़ेसर इतनी अच्छी इमरती बना सकता है।' मैंने कहा, 'बाबूजी, सब आपकी कृपा है ।'

बन्धु विष्णुदत्त, मेरे वे दोनों प्रतिद्वन्द्वी भी बाबूजी के पास अब अधिक बैठने लगे थे । मुझे मालूम हो गया था कि वे चुपके-चुपके जलेबी बनाना सीख रहे हैं । पर तब तक मैं इमरती बनाना सीख चुका था और वे पिछड़ गये थे ।

एक दिन जब मैं बाबूजी की दूकान पर पहुँचा, तो वे उदास दिखे । मैंने कहा, 'बाबूजी, आप आज कुछ उदास दिख रहे हैं । सब कुशल तो है न ?' वे दार्शनिक की तरह बोले, 'अरे भाई, दुनिया में सुख-दुःख तो लगे ही हैं । जब तक देह है तब तक दुःख है ।' मैंने कहा, 'फिर भी यदि आपत्ति न हो

तो अपनी चिन्ता का कारण मुझे बताइए । शायद मैं कुछ कर सकूँ ।' बाबूजी कहने लगे, 'बात यह है कि अपना नया मकान जहाँ बन रहा है, वहाँ एक आदमी ने कई साल पहले आत्म-हत्या की थी । उसका प्रेत वहाँ रहता है । पण्डितजी ने बताया है कि वह मकान में रहनेवालों को परेशान करेगा ।' मैंने कहा, 'प्रेत की शान्ति का उपाय भी तो होता है ।' वे बोले, 'हाँ वही बता रहा हूँ । पण्डितजी ने कहा है कि विधिपूर्वक शुभ मुहूर्त में पूजा कर के आदमी का एक दाँत नींव में गाड़ देने से प्रेत शान्त हो जायेगा। चिन्ता का विषय यह है कि दाँत कैसे मिले ।' यह सुनकर मैंने कहा, 'इसमें क्या कठिनाई है ? कितने ही लोगों के दाँत गिरते रहते हैं । मैं ही एकाध ला दूँगा।' बाबूजी हँसे । कहने लगे, 'तुम समझे नहीं । अपने-आप उखड़ा हुआ दाँत नहीं चलेगा । इस कार्य के लिए ताज़ा उखाड़ा हुआ दाँत चाहिए ।' बन्धु, मैं विचार में पड़ गया । मैंने सोचा कि स्वामी पर संकट आया है । मुझे इनके हित के लिए त्याग करना चाहिए । मैंने कहा, 'बाबूजी, मेरा एक दाँत जरा हिलता है । अगर आप कहें तो...' बाबूजी बीच में ही बोल पड़े, 'अरे तुम जवान आदमी हो । तुम्हारा दाँत क्यों हिलेगा ?' मैंने कहा, 'नहीं बाबूजी, मैं सच कहता हूँ । एक थोड़ा-थोड़ा हिलता है । मैं इसे उखड़वाकर आपको दे दूँगा ।' बाबूजी सन्तुष्ट हुए । फिर भी संकोच से बोले, 'सोच लो। तुम्हारा सुडौल चेहरा थोड़ा बिगड़ जायेगा ।' मैंने कहा, 'बाबूजी, क्या मैं और क्या मेरा चेहरा? आपके लिए तो मैं पूरी बत्तीसी उखड़वा दूँ ।' बाबूजी बोले, 'तो ठीक है । कल दोपहर बारह बजे का मुहूर्त है । तुम सुबह डेण्टिस्ट वर्मा के यहाँ चले जाना वे उखाड़ देंगे ।'

बन्धु, रात्रि को मैंने पत्नी से कहा, 'प्रिये, मेरी तरक्की असिस्टेण्ट प्रोफ़ेसर के पद पर हो जायेगी ।' उसने कहा, 'लेकिन तुमसे दो आदमी सीनियर हैं।' मैंने उसे बाबूजी से हुई बात बतलायी । सुनकर वह बहुत बिगड़ी । कहने लगी, 'हमें नहीं चाहिए, ऐसी तरक्की । हम भूखे रह लेंगे, पर ऐसी नौकरी नहीं करेंगे, जहाँ दाँत देना पड़े ।' मैंने समझाया, 'मूर्खे, दाँत देने में कोई हरज नहीं । लोग तो नाक और कान देकर तरक्की पा रहे हैं । नाक एक होती है और कान दो, पर दाँत तो बत्तीस होते हैं । एक चला गया, तो क्या हुआ?' स्त्री ने हठ पकड़ ली । बोली, 'नहीं, मैं तुम्हारा दाँत नहीं जाने दूँगी । तुम्हारा

ऐसा सुन्दर चेहरा बिगड़ जायेगा । तुम साफ़ कह दो कि मुझे दाँत नहीं देना।'

बन्धु, स्त्री के हठ के सामने बड़े-बड़े वीर नहीं टिक सके, मैं तो साधारण आदमी था । प्रातःकाल मैं बाबूजी के पास पहुँचा और बड़ी कातरता से बोला, 'बाबूजी, एक धर्म-संकट आ गया है । घर में पत्नी को एतराज है ।' यह सुनकर बाबूजी ज़ोर से हँसे, कहने लगे, 'अरे तुम-जैसा आदमी भी औरत के बहलावे में आ गया ! औरत में अकल भी होती है, जाओ, सीधे डॉक्टर वर्मा के पास चले जाओ । घर मत जाना ।'

मेरा मन फिर मज़बूत हो गया और मैं डॉक्टर वर्मा के पास गया । दाँत उखड़वाया और काग़ज़ में लपेटकर बाबूजी को सौंप दिया ।

बन्धु, कहने की आवश्यकता नहीं कि मेरी नियुक्ति उस पद पर हो गयी। मैंने शेष जीवन सुख से बिताया । समय आने पर देह त्याग कर उस लोक गया । वहाँ धर्मराज के सामने उपस्थित किया गया । मेरे पाप-पुण्य का लेखाजोखा पेश किया गया । धर्मराज ने कहा, 'इस मनुष्य ने अपने स्वामी के लिए दाँत दिया था, इसने एक दाँत देकर अपनी उन्नति का रास्ता बनाया था । इसे इस पुण्य का फल मिलना चाहिए । इसे अगले जन्म में बड़े दाँत मिलना चाहिए । इसे हाथी या जंगली सुअर की योनि में पृथ्वी पर जन्म दिया जाये ।' यह सुनकर सचिव ने कहा, 'महाराज, इसका पुण्य इस कोटि का नहीं है इसे हाथी या सुअर बनाया जाये ।' तब कुछ सोच कर धर्मराज ने आदेश दिया, 'अच्छा, तो इसे मनुष्य ही बनाओ, पर एक के बदले दो बड़े-बड़े दाँत का ।'

बन्धु विष्णुदत्त, यही मेरे पिछले जन्म का वृत्तान्त है । ये दाँत वरदान के हैं और लोग कहते हैं कि इन्हें उखड़वा दो ।'

......कथा सुनकर बैताल बोला, "हे विक्रम, यह कथा देवदत्त ने विष्णुदत्त को सुनायी । तूने भी सुनी । अब तू बता कि कथा सुनकर विष्णुदत्त हँसा होगा या रोया होगा ?"

विक्रम ने एकदम कहा, "रोया होगा ।"

यह सुनते ही बैताल उड़ा और जाकर उसी वृक्ष पर फिर लटक गया ।

□

बैताल की सत्ताईसवीं कथा

तब बैताल ने विक्रम से कहा, “हे विक्रम, तू मुझे फिर वृक्ष पर से उतार लाया। तेरे परिश्रम से मैं बहुत प्रसन्न हूँ, इसलिए तेरा मन बहलाने को एक कथा कहता हूँ । सुन :

बहुत पहले की बात है । एक इलाके में डाकू बहुत हो गये थे । उन की लूट-मार से उस इलाक़े के लोग जब हाहाकार करने लगे, तब सरकार ने कहा कि घबराओ मत, हम पुलिस भेजकर सब डाकुओं को मरवा डालेंगे । वहाँ पुलिस आयी और कई साल उसकी डाकुओं से लड़ाई होती रही; पर डाकू नहीं मरे । सरकार के पास कुछ सयाने रहते थे । उन्होंने सरकार से कहा, ‘ये डाकू तुम से नहीं मर सकते । और सच पूछो तो डाकुओं को मारने की ज़रूरत ही नहीं है । ये शरीर से डाकू नहीं हैं; हृदय से डाकू हैं । हृदय भी तरह-तरह के होते हैं, जिसे जैसा हृदय मिल जाता है, वह वैसे ही काम करने लगता है । यदि इन डाकुओं के हृदय बदल दिये जायें, तो ये डाके डालना छोड़ दें । अपने देश में एक सन्त हैं, जो जादू से लोगों के हृदय बदलते हुए घूम रहे हैं । उन्हें यहाँ बुलाया जाये और उनसे डाकुओं का हृदय परिवर्तन करवा लिया जाये ।’ सरकार को यह सलाह पसन्द आ गयी । उसने सयानों को सन्त के पास भेजा और अपनी पुलिस से कहा कि तुम हट जाओ, हमें डाकुओं को मारना नहीं है, उनका हृदय परिवर्तन करना है ।

हे विक्रम, एक दिन सन्त अपने दल-बल समेत डाकुओं के इलाक़े में आ गये । उनके आते ही डाकुओं में भगदड़ मच गयी । वे बहुत घबराये । वे पुलिस का सामना कर सकते थे, पर सन्त का सामना करने की हिम्मत उन में नहीं थी । डाकुओं के हृदय पर इतना बड़ा संकट कभी नहीं आया था । वे अपना-अपना हृदय सँभाले जहाँ-तहाँ भागने लगे । जंगल में चीख़-पुकार मच गयी, ‘अरे भागो ! सन्त आ रहे हैं । अगर पकड़ लिया तो हृदय बदल देंगे !’

हे विक्रम, डाकुओं की हालत बड़ी दयनीय हो गयी । जहाँ छिपते, वहीं सन्त के भक्त जा पहुँचते और कहते, 'चलो हृदय-परिवर्तन करवाओ ।' डाकू, सन्त के डर से उसी तरह भागकर छिप रहे थे, जिस तरह पहले गाँवों में हैज़े का टीका लगाने वाले डॉक्टर से गाँव वाले भागते थे ।

एक डाकू सरदार ज़ालिम सिंह एक वृक्ष के नीचे बन्दूक के कुन्दे पर सिर रखकर चिन्ता में बैठा था । सोच रहा था, इस हृदय को लेकर कहाँ जाऊँ? इसे कैसे बचाऊँ ? एकाएक उसे ख़याल आया कि पास के क़स्बे में भैया सा'ब रहते हैं जो कभी-कभी मेरे सहायक भी हुए हैं । भैया सा'ब बड़े प्रसिद्ध नेता थे और वे मन्त्री बनने की कोशिश कर रहे थे । देश के आज़ाद होने से उन्हें बड़ा फ़ायदा हुआ था । उनकी तीन इमारतें बन गयी थीं और व्यापार भी अच्छा चलने लगा था ।

ज़ालिम सिंह भैया सा'ब के पास पहुँचे । उसे देखते ही भैया सा'ब बोले, 'क्यों ज़ालिम सिंह ! आज कैसे आये ?' ज़ालिम सिंह ने कहा, 'भैया सा'ब, बड़ा संकट आया है । एक सन्त आये हैं, जो डाकुओं को पकड़-पकड़कर उनका हृदय बदल रहे हैं । भला बताइए, अगर हृदय ही चला गया, तो हमारे पास क्या रहेगा ? आप मेरी मदद करें । मेरे हृदय को कुछ दिन आप अपने पास रख लें । फिर मैं ले जाऊँगा ।'

भैया सा'ब दुविधा में पड़ गये । बोले, 'रख तो लूँ, पर बड़े जोखिम का काम है । आजकल हृदय के हज़ार दुश्मन पैदा हो गये हैं । कहीं कुछ गड़बड़ हो गयी, तो तू मुझे दोष देगा ।'

ज़ालिम सिंह ने कहा, 'भैया सा'ब, आपके पास हृदय बिलकुल सुरक्षित रहेगा । हृदय की रक्षा के लिए आप के पास तरह-तरह के मन्त्र हैं, दर्शन है, धर्म है, नीति है; अच्छे-अच्छे प्रस्ताव हैं, अच्छे-अच्छे नारे हैं । इनके कारण किसी सन्त का जादू आप पर नहीं चल सकता । आप तो रख लीजिए ।'

भैया सा'ब आखिर राज़ी हो गये । ज़ालिम सिंह ने हृदय निकाला और भैया सा'ब के हाथ में दे दिया । उन्होंने अपना हृदय निकालकर एक कपड़े में बाँध कर नावदान में छिपा दिया और ज़ालिम सिंह का हृदय उस खाली स्थान में रख दिया । ज़ालिम सिंह जंगल में लौट गया ।

सन्त का जादू चल गया था । उन्होंने कई हृदय बदल दिये थे । उन

के भक्तों ने हृदय-परिवर्तन के गीत बनाकर गाये । कुछ दिन वहाँ रहकर एक दिन सन्त अपने दल के साथ हृदय-परिवर्तन के गीत गाते हुए चले गये।

ज़ालिम सिंह की जान में जान आयी । वह भैया सा'ब के पास गया और बोला, 'भैया सा'ब, मैं आपका एहसान जीवन-भर नहीं भूलूँगा । आप ने इतने घोर संकट में मेरे हृदय की रक्षा की । लाइए, अब मेरा हृदय मुझे वापस कर दीजिए ।'

यह सुनते ही भैया सा'ब तपाक से बोले, 'हट, अब नहीं देते ।' और उसे अँगूठा बता दिया । ज़ालिम सिंह उनके मुँह की ओर देखने लगा । वह कुछ कर भी नहीं सकता था, क्योंकि अपना हृदय खो चुका था । आखिर वह रोता हुआ कहीं चला गया । उसके बाद ज़ालिम सिंह डाकू इलाक़े में कहीं दिखा ही नहीं । उसने एक सेठ के घर बच्चे खिलाने की नौकरी कर ली।

और सब दूर हल्ला हो गया कि भैया सा'ब ने ज़ालिम सिंह का हृदय परिवर्तन कर दिया । हे विक्रम, तू बता कि किसका हृदय-परिवर्तन हुआ, और किसने किया ?''

विक्रम ने उत्तर दिया, ''भैया सा'ब का हृदय-परिवर्तन हुआ और ज़ालिम सिंह ने किया ।'' यह सुनकर बैताल फिर उड़ा और उसी वृक्ष से लटक गया।

□

बैताल की अट्ठाईसवीं कथा

तब बैताल ने कहा, "हे विक्रम, तू मुझे फिर वृक्ष पर-से उतार लाया । मैं तेरी लगन देखकर बहुत सन्तुष्ट हूँ । तेरे मनोरंजन के लिए एक कथा और सुनाता हूँ, सो सुन ।

किसी समय एक नगर में एक कपड़े का व्यापारी रहता था, जिसका नाम धरमचन्द था । सेठ धरमचन्द नाम के अनुरूप ही धर्मात्मा आदमी था। वह सुबह-शाम मन्दिर जाता था और लगभग एक घण्टा प्रार्थना करता था । मन की एकाग्रता में कभी-कभी उसे सट्टे के अंक भी सूझ जाते थे । उसकी दूकान पर धर्म-पेटी रखी थी । वह बड़ा मिलनसार और मधुर स्वभाव का व्यक्ति था । जाग्रत अवस्था के अट्ठारहों घण्टे उसके मुख पर चौड़ी मुसकान खेला करती और इस लम्बी कसरत से उसका मुँह कानों तक फट गया था। दाँत बाहर हो गये थे और उसे बिना प्रयत्न दीनता प्रकट करने की सुविधा मिल गयी थी । जब वह किसी से बोलता, तो उसके मुख पर ऐसी मीठी मुस्कान खेलती, दाँत ऐसी दीनता बताते और आँखों में ऐसी लाचारी होती कि सामने वाले से वह यदि उसका सिर भी माँग लेता, तो वह एकाएक न नहीं कर सकता था । धरमचन्द बहुत ईमानदार था क्योंकि ग्राहक से बात करते हुए वह 'ईमान से' कहता जाता था । वह सच्चा आदमी था क्योंकि वह कपड़े की दर और उधारी का हिसाब 'भगवान् की क़सम' खाकर बताता था ।

हे विक्रम, धर्मात्मा आदमी की परीक्षा ईश्वर बार-बार लिया करता है । धरमचन्द पर भी मामले-मुक़दमे चलते रहते थे । कभी वह किसी पर मुक़दमा चलाता था और कभी कोई उस पर । ऐसा ही एक मुक़दमा उस पर चल रहा था कि उस साहब का तबादला हो गया, जिसके सामने वह मुकदमा था। मामला बड़ा कमज़ोर था और धरमचन्द की हार निश्चित थी पर वह निराश नहीं हुआ ।

नये साहब एक दिन कपड़ा ख़रीदने बाज़ार आये और संयोग से धरमचन्द

की दूकान में घुस पड़े । देखते ही धरमचन्द ने पहचान लिया कि इन्हीं साहब के सामने मामला है । उसने कपड़ा नापना छोड़ दिया और हाथ जोड़कर सीढ़ी पर खड़ा हो गया, 'पधारिए साहब ।' साहब को कुरसी पर बिठाकर उसने पान की तश्तरी आगे की और कहा, 'बड़ी किरपा की साहब ! क्या सेवा करूँ?' साहब ने कहा, 'कोई कमीज़ का अच्छा-सा कपड़ा दिखाओ ।'

धरमचन्द अच्छे-अच्छे कपड़ों के थान खोलकर साहब के सामने फैलाने लगा । ऐसे प्रेम-विभोर होकर कपड़े फैला रहा था, जैसे भक्त भगवान् को भोग लगाता है । साहब ने एक कपड़ा पसन्द किया और पूछा, 'क्या भाव है इसका ?' धरमचन्द ने हाथ जोड़कर कहा, 'हमको क्यों लज्जित करते हैं? दूकान आपकी है । कितने कमीज़ों का काट दूँ ?' साहब का मुख कठोर हो गया । वे बोले, 'नहीं, मैं ऐसे नहीं लेता । कभी नहीं लिया । दाम बताओ।' हे विक्रम, साहब भी ईमानदार थे । इस समय दो ईमानदारों की टक्कर हो रही थी । धरमचन्द थोड़ी देर चुप बैठा रहा । फिर उसने हार मान ली । और बड़े दुःखी स्वर में कहा, 'चार रुपये सात आने' साहब ने सुना। उनके चेहरे पर से कठोरता एकदम ग़ायब हो गयी और उसका स्थान पीड़ा ने ले लिया । साहब बहुत परेशान हो गये । धरमचन्द बड़े ध्यान से साहब के चेहरे को देख रहा था और उनकी पीड़ा से उसका कोमल हृदय फटा जा रहा था । साहब ने अटकते हुए स्वर में कहा, 'नहीं भई, इतना महँगा नहीं पहिन सकित ।' वे उठकर चलने लगे । धरमचन्द ने उनके मुख को देखा और वह स्वयं रुआँसा हो गया । उसने विनती की, 'साहब, क़ीमत की कोई बात नहीं। आप ले तो जाइए ।' यह सुनकर न जाने क्यों साहब को क्रोध आ गया । वे धरमचन्द को रास्ते से हटाकर दूकान से बाहर निकल गये । जब तक वे आँखों से ओझल नहीं हो गये, धरमचन्द उन्हें देखता रहा । फिर मन मसोस कर काम में लग गया । हे विक्रम, दो ईमानदारों की टक्कर में बेचारा धरमचन्द परास्त हो गया ।

हे विक्रम, उस शाम को जब धरमचन्द भगवान् के सामने प्रार्थना करने बैठा, तो उसके निर्मल हृदय से स्वर उठा, 'हे धरमचन्द, तूने साहब का वह दुःखी मुख देखा ? उनकी आँखों में कितनी विवशता थी, कितनी निराशा थी। कितने लालच से उन्होंने वह कपड़ा पसन्द किया था और क़ीमत सुनकर

चेहरा कैसा उतर गया था । सोचते होंगे—हाय, हम अफ़सर कहलाते हैं, पर मन का कपड़ा भी नहीं पहन सकते । धरमचन्द, तू तो अफ़सरों की हालत भली-भाँति जानता है । तू बड़ा दयालु मनुष्य है । क्या तुझे साहब पर दया नहीं आती ? क्या तू उस दुःखी की इतनी-सी इच्छा पूरी नहीं कर सकता ? धिक्कार है, तेरे पूजन-वन्दन को । अरे मूर्ख, दया धरम का मूल है...' धरमचन्द ने आत्मा की आवाज़ सुनी । उसका हृदय भर आया । उसकी नज़रों में साहब का चेहरा झूल गया और आँसुओं की धारा बहने लगी । धोती से आँसू पोंछकर उसने हाथ जोड़े और कहा, 'हे भगवन्, मुझसे बड़ी भूल हुई। दयानिधान वस्त्र के मामले में मैं आपकी उदारता जानता हूँ । जब आप द्रौपदी को एक-के-बाद-एक सैकड़ों साड़ियाँ देते गये, तो मैं आपका भक्त क्या साहब को कमीज़ नहीं पहना सकता ? हे प्रभु, ये साहब लोग ही आज की द्रौपदी हैं, महँगाई के दुःशासन ने इनके कपड़े छीन लिये हैं । हे प्रभु, मुझे शक्ति दो, बल दो। मुझे आशीष दो कि मैं उस दुःखी का दुःख हर सकूँ । प्रभु, मैं प्रतिज्ञा करता हूँ कि आज से एक महीने के भीतर साहब को उस कपड़े की कमीज़ पहना कर रहूँगा ।' प्रतिज्ञा करने से धरमचन्द का मन हलका हो गया।

आठ दिन बीत गये । नवें दिन प्रातःकाल धरमचन्द ने स्नान किया, तिलक लगाया और दूकान पर आया । उसने उस थान में-से चार कमीज़ों का कपड़ा फाड़ा और काग़ज़ में लपेटकर बग़ल में दबाया । मन-ही-मन ईश्वर का ध्यान किया और साहब के घर पहुँच गया । साहब ने उसे पहचान लिया। पूछा, 'क्यों सेठजी, कैसे आये ?' सेठ ने सकुचाते हुए धीरे-धीरे कपड़ा खोला और कहा, 'हुज़ूर, अभी बम्बई गया था । वहाँ एक कटपीस की दूकान में यह कपड़ा बड़ा सस्ता मिल गया । आप विश्वास नहीं करेंगे, यह सात आने गज़ पड़ गया । मैं सब-का-सब ले आया । छह कमीज़ों का था । दो कमीज़ों का मैंने अपने लिए रख लिया और यह चार का हुज़ूर के लिए ले आया ।' उसने कपड़ा साहब के हाथ में दे दिया । साहब ने कपड़ा देखा, फिर सेठ की तरफ़ देखा, फिर खिड़की से बाहर देखा, फिर ज़मीन की तरफ़ देखते हुए कहा, 'बड़ा सस्ता मिल गया ! अच्छा किया जो आप ले आये ।' धरमचन्द ने कहा, 'हम तो साहब, सेवा करने को हमेशा तैयार रहते हैं । धन-दौलत साथ नहीं जाती । सेवा ही साथ जाती है ।' साहब ने सात आने गज़ के

हिसाब से क़ीमत दी, जो धरमचन्द ने सहर्ष ले ली । चलते-चलते वह बोला, 'साहब यहाँ के दर्ज़ी बड़े बदमाश हैं । आप नये ही आये हैं । मैं अपना विश्वासी दर्ज़ी भेजूँगा ।'

शाम को धरमचन्द का विश्वासी दर्ज़ी गया और साहब का नाप तथा कपड़ा ले आया । इधर रात को धरमचन्द भगवान् के सामने बैठा और हाथ जोड़कर विनती करने लगा, 'प्रभु, मेरी प्रतिज्ञा पूरी हो गयी । साहब अब अवश्य ही उस कपड़े को पहन सकेंगे । यह सब आपकी ही इच्छा से हुआ है । अब मेरी लाज आपके हाथ है ।'

हे विक्रम, कमीज़ें बन गयीं, पट्टियाँ लग गयीं, इस्तरी हो गयी । उठाकर पहनने लायक़ हो गयीं । जिस दिन साहब के सामने मामला पेश होना था उसी दिन सुबह धरमचन्द तैयार कमीज़ लेकर साहब के पास पहुँच गया । साहब तैयार कमीज़ों को देखकर बहुत प्रसन्न हुए और उन्होंने धरमचन्द को पुनः धन्यवाद दिया ।

हे विक्रम, ऐसा कौन साहब होगा जो ऐसी अच्छी कमीज़ पहनने में देर करे ? अर्थात् कोई नहीं । ये साहब भी उनमें-से एक कमीज़ पहनकर दफ़्तर गये ।

साहब के सामने मामला पेश हुआ । उन्होंने पक्ष-विपक्ष समझा । इसी समय धरमचन्द सामने से साहब की ओर देखता निकल गया । दोनों मुसकरा उठे । हे विक्रम, उस छवि का वर्णन तो शारदा भी नहीं कर सकती ।

साहब ने फ़ैसला लिखने के लिए क़लम उठायी । इसी समय किसी अन्तःप्रेरणा से उनकी नज़र अपनी क़मीज पर पड़ी । सहसा एक चमत्कार हुआ—एक क्षण में वह कपड़ा फ़ौलाद में परिवर्तित हो गया । उस फ़ौलादी कमीज़ के वज़न से साहब की रीढ़ झुक गयी । कमीज़ धीरे-धीरे सिकुड़ने लगी और साहब के अंग-अंग कसने लगे । आस्तीन सिकुड़कर हाथों को कसने लगी । कालर ने सिकुड़कर गला घोंट दिया । साहब कराह उठे । कमीज़ सिकुड़ती ही जा रही थी । घबराकर साहब ने फुर्ती से धरमचन्द के पक्ष में निर्णय लिख दिया । एक क्षण में कमीज़ फिर कपड़े की हो गयी । कैसा चमत्कार हुआ !

धरमचन्द के जीतने की ख़बर फैल गयी..। सबको आश्चर्य हुआ । कोई

कहता साहब ने ईमान खो दिया। कोई कहता, 'साहब बेचारा क्या करे? ईमान तो धरमचन्द का गया।' कुछ लोग कहते कि दोनों ने ईमान खोया।

कथा समाप्त कर बैताल थोड़ी देर चुप रहा। फिर बोला, 'हे विक्रम, कथा तूने भी सुनी। अब तू बता कि किसका ईमान गया—साहब का, धरमचन्द का या दोनों का?' "

विक्रम ने तुरन्त उत्तर दिया, "ईमान किसी का नहीं गया, क्योंकि धरमचन्द ने कपड़े के दाम लिये और साहब ने भी क़ीमत देकर कपड़ा लिया।"

यह सुनकर बैताल उड़ा और फिर उसी वृक्ष पर जाकर लटक गया।

□

राग-विराग

मई की दोपहरी । 'बस-स्टैण्ड' पर बस खड़ी है । मुसाफ़िर आ रहे हैं और बैठते जा रहे हैं । उच्च श्रेणी में दो-दो मुसाफ़िरों के बैठने के लिए एक के पीछे एक कई सीटें हैं । हर मुसाफ़िर की टिकट पर सीट का नम्बर होता है। पर यह एक अजब लोभ है कि बस में घुसते ही कई मुसाफ़िरों के मन में यह आता है कि किसी दूसरी सीट पर बैठ जायें । उस दिन चौरहे पर तीन-चार पुलिस के सिपाही पानवाले से दस सेर गाँजा पकड़ने की ऐतिहासिक घटना का सगर्व वर्णन कर रहे थे । एक सिपाही बड़े सहज भाव से बोला, "भैया, उस मामले में कम-से-कम पाँच सौ रुपये मिलते, और किसी को कानों-कान ख़बर नहीं होती । पर इस बलभद्दर ने कोतवाली ले जाकर सब मटियामेट कर दिया ।" दूसरे की जगह बैठने का इरादा और गाँजा पकड़कर पाँच सौ रुपये घूस लेने का इरादा—दोनों एक ही प्रकार के लोभ हैं—हमारे सामूहिक मन का प्रतिनिधि लोभ ।

बस कण्डक्टर ने मुसाफ़िरों को उठा-उठाकर उनकी ठीक जगह पर बैठाना आरम्भ कर दिया है । लोग शहीदाना गर्व के साथ अपनी जगह बैठ रहे हैं, दूसरों की जगह पर जम जाने का उनका अधिकार जो छिन गया ।

एक व्यापारी थलथलाते हुए आ रहे हैं, दुर्भाग्य से मेरे परिचित । कभी किसी का मिलना सौभाग्य बन जाता है, पर कभी, उन्हीं का मिलना दुर्भाग्य। निमोनिया में मुरब्बा प्राणघातक है । वैसे मुरब्बा बहुत अच्छी चीज़ है । सफ़र में 'बोर' व्यापारी निमोनिया में मुरब्बे की तरह ही है । वे तो दुकान पर ही भले लगते हैं ।

पर मुझे देख कर वे खिल उठे, "अच्छा आप भी चल रहे हैं ?" कहकर मेरी बग़ल की ख़ाली जगह पर आ बैठे । बस ड्राइवर को देखकर गद्गद हो बोले, "अच्छा, वज़ीर मियाँ, आप चल रहे हैं आज ?" वज़ीर मियाँ शायद उन्हें पहचानते नहीं हैं, पर वे इस विश्वास और आत्मीयता से वज़ीर मियाँ

को गले लगा लेना चाहते हैं कि अगर बस कहीं किसी झाड़ से टकरा गयी तो वज़ीर मियाँ सबको मर जाने देंगे, सिर्फ़ उन्हें बचा लेंगे ।

वे मेरी ओर मुड़े और अपने भतीजे के लिए किसी स्कूल से झूठा सर्टिफ़िकेट प्राप्त करने की योजना पर विचार करने लगे । एक आँख बन्द करके अँगूठे पर पहली उँगली से चोट करके बोले, "कुछ ख़र्च करना पड़े तो पीछे नहीं हटेंगे ।" उनके उद्देश्य की 'शुचिता' के साधन रूप में अपना मेल होते देख मैं तनिक अकुलाया । पर इसी समय कण्डक्टर ज़रा 'मसीहा' बन गया। उसने उन्हें उठाकर मुझसे काफ़ी दूर, उनकी ठीक जगह पर बैठा दिया।

अब मेरे पास एक युवक आकर बैठ गया । हाथ में एक फ़िल्मी पत्रिका है । अब मैं बिलकुल सुरक्षित हूँ । जिसके हाथ में फ़िल्मी पत्रिका है, वह बग़ल में बैठे भगवान् से भी बात नहीं करेगा ।

सीटें लगभग भर चुकी हैं । सिर्फ़ मेरे पीछे की एक सीट पर एक जगह ख़ाली है । अभी केवल एक संन्यासी बैठे हैं, चालीस-पचास साल के होंगे, वैसे वे अपने को अस्सी-नब्बे साल का बताते हैं । पुराना चावल और पुराना संन्यासी—दोनों क़ीमती होते हैं । तभी 'वेश्या बरस घटावहिं जोगी बरस बढ़ाहिं ।' अच्छे सुडौल हैं । ताज़े कटे लॉन की तरह उनकी खोपड़ी और दाढ़ी ! माथे पर तिलक, गले में कण्ठी । गेरुआ रंग अब सफ़ेद होने लगा है ।

संन्यासी को देखकर लोगों के मन में एक कुतूहलमय सम्मान जागता है। अगर संन्यासी ऊँचे क्लास में सफ़र कर रहा हो तो तब तो और सम्मान पाता है और अगर अँग्रेज़ी भी बोल लेता हो, तब तो लोग न्योछावर होते हैं। पर बेचारे संन्यासी के मुख पर मैंने अकसर परेशानी, निराशा, ग्लानि और असन्तोष देखा है । लोगों की नज़रों में वह चाहे पूज्य हो पर अपनी नज़रों में वह केवल दयनीय ही होता है । संसारियों पर घृणा की दृष्टि डालकर वह इस दयनीयता को अपनी नज़रों से छिपाने की कोशिश करता है । पर उसकी आँखों में तो वह खिड़की खोलकर बैठी रहती है ।

संन्यासी गीता पढ़ रहे हैं :

"यदा यदा हि धर्मस्य ग्लानिर्भवति भारत..."

और मेरे बगल में बैठा युवक अभिनेत्री सुरैया का नवीनतम चित्र देख रहा

है। दोनों एक ही अप्राप्य काल्पनिक आनन्द में लीन हैं । दोनों एक मृग-तष्णा के शिकार ! जैसी इसकी सुरैया, वैसे उसके भगवान् ! दोनों दूर, बहुत दूर, स्वप्नवत्, अलभ्य, बेजाने-पहचाने !

संन्यासी ने आगे झुककर नवयुवक की फ़िल्मी पत्रिका को देखा और घृणा से मुँह फेर लिया ।

नवयुवक संन्यासी के श्लोकों से परेशान होकर खीझ से बुदबुदाया : "ह्वाट ए नान्सेन्स—कैसी परेशानी है ?"

बस अब चलने ही वाली है । मेरे परिचित व्यापारी ने पीछे की सीट से एक पान के अष्टमांश हिस्से का बीड़ा बनाकर मेरी ओर बढ़ाया, मानो चेतावनी दे रहा है कि किसी भी क्षण आक्रमण कर दूँगा ।

एक रिक्शा आकर रुका और उसमें से एक महिला फुर्ती से निकली । शरीर क़ीमती साड़ी में लिपटा, हाथ में बैग । यौवन का ज्वार अब भाटा हो रहा है, यही पैंतीस वर्ष के आस-पास होगी । सुडौल मुख, पानीदार आँखें, मुद्रा में संकोचहीनता, चाल में स्वाभाविक सत्ता की दृढ़ता । वह बस में घुसी और कण्डक्टर से पूछा, "मेरी सीट ? नम्बर आठ की टिकिट है ।" कण्डकटर ने संन्यासी के बग़ल की ख़ाली सीट की ओर संकेत कर दिया । सारी बस में वही सीट ख़ाली थी ।

स्त्री बढ़ी और संन्यासी के बग़ल में बैठने का उपक्रम करने लगी । इधर संन्यासी पर जैसे बिजली गिर पड़ी । हाथ जोड़कर बोले, "नहीं-नहीं देवी ! यहाँ पर मत बैठो, कहीं और बैठ जाओ ।" स्त्री ठिठक गयी । उसने कण्डक्टर की ओर देखा । कण्डक्टर ने कहा, "महाराज जी, और सीट तो ख़ाली नहीं है । वे कहाँ बैठेंगी ? वह सीट तो उन्हीं की है ।"

संन्यासी ने अत्यन्त दीन नयनों से उसकी ओर देखा । कहा, "नहीं-नहीं भैया, मैं स्त्री के पास नहीं बैठ सकता । स्त्री का संग मुझे वर्जित है । मैं संन्यासी ठहरा ।"

मुसाफ़िरों का ध्यान संन्यासी को ओर खिंच गया । सबके नयनों में उत्सुकता है । गरमी और बस की नीरसता में मन-बहलाव का एक ज़रिया तो मिला । स्त्री कहीं और भी बैठ सकती है, किसी अन्य मुसाफ़िर को वहाँ बैठा दिया जा सकता है । और कितने लोग उम्मीद लगाये बैठे होंगे कि ऐसे

सीट-विनिमय में हमें ही स्त्री का सामीप्य लाभ हो जाये। पुरुषों से भरी बस में स्त्री ! जैसे विस्तृत रेगिस्तान में एक झरना । पर संन्यासी की कातरता और दीनता का मज़ा सभी ले रहे थे । वह स्त्री भी वहीं अड़ी रही । कण्डक्टर भी हठ करने लेगा । और हम लोग आँखें फाड़े ही थे । विश्वामित्र-मेनका! शुक-रम्भा !

पर स्त्री बड़ी प्रगल्भा निकली । संकोच जैसे वह जानती ही नहीं है । वह कहने लगी, "महाराज, आप तो पिता-तुल्य हैं । मैं एक किनारे बैठ जाऊँगी । संन्यासी के ही पास तो हम निर्भय और निःसंकोच बैठ सकती हैं।" हम सब चकित हैं । कैसी वाचाल है !

संन्यासी बोले, "नहीं, नहीं देवी, मुझे संकट में न डालो । मेरे गुरु की आज्ञा है । माता और पुत्री का संग भी हमारे लिए निषिद्ध है । धर्म का आदेश है ।"

स्त्री अब तमतमा गयी है । उसने बड़े रोष और घृणा से कहा, "महाराज जी, जो धर्म माता और पुत्री से डरने के लिए कहता है, वह धर्म नहीं हो सकता । वह पाखण्ड है ।"

संन्यासी अब हत-तेज हो गये हैं । उन्हें उत्तर नहीं सूझ रहा । इसी समय मैंने कह दिया, "संन्यासी जी, बैठ जाने दीजिए न ! आप तो वीतराग हैं ।"

इसी समय पुलिस के सिपाही ने ड्राइवर से कहा, "वज़ीर मियाँ, चलो स्टार्ट करो । पाँच मिनिट लेट हो गयी है ।"

भीतर से मुसाफ़िर चिल्लाये, "अरे भाई, गरमी में यहीं मार डालोगे क्या, स्टार्ट करो गाड़ी ।"

ड्राइवर ने बटन दबाया । घरघराहट हुई और बस खिसकी । इस गड़बड़ में वह स्त्री संन्यासी के बग़ल की उसी सीट पर बैठ गयी । संन्यासी एकदम बस दीवार से सटकर, दुबककर बैठ गये । उन्होंने बड़े कातर नेत्रों से हम लोगों की ओर देखा । वह नारी बड़ी बेफ़िक्री से बैठी थी ।

बस अब चलने लगी है । संन्यासी वैसे ही दुबके, भयभीत एक कोने में बैठे हैं, जैसे बग़ल में सिंहनी सो रही है, जो यदि जाग गयी तो प्राण ले लेगी । उन्होंने ज़ोर-ज़ोर से गीता पढ़ना आरम्भ कर दिया :

"कर्मेन्द्रियाणि संयम्य य आस्ते मनसा स्मरन्...।"

बचपन की याद मुझे आ गयी । शाम को खेलकर घर लौटता तो 'भुतही इमली' के नीचे से निकलना पड़ता था । भूत से बचने के लिए मैं खूब ज़ोर से गाना गाता था । मेरे गाने से भूत भागता था या नहीं, यह तो नहीं जानता, पर मेरे मन का भय ज़रूर भाग जाता था । संन्यासी ज़ोर-ज़ोर से गीता-पाठ कर रहे हैं, मुझे अपने उसी 'भूत भगाऊ' गाने की याद आ गयी।

वे गीता पढ़ रहे हैं । सोचता हूँ जो किसी पुस्तक को बार-बार पढ़ता है वह समझकर तो ऐसा नहीं कर सकता । अच्छे-से-अच्छे ग्रन्थ को कोई समझकर पढ़े तो दो-चार बार पढ़ सकता है । पर जो बार-बार उसे पढ़ता है, रोज़ एक बार पाठ कर जाता है, वह ज़रूर बिना समझे ही पढ़ता है । ज़िन्दगी-भर से संन्यासी जी गीता पढ़ रहे हैं, जैसे हलवाई ज़िन्दगी-भर मिठाई बनाता और बेचता है । पर मिठाई देखकर कभी हलवाई की जीभ में तो पानी नहीं आता । संन्यासी भी गीता से बिलकुल निर्लिप्त रहकर गीता पढ़ लेते हैं, जैसे ग्रामोफ़ोन का रिकार्ड आरती गाता है । उनका स्वर काफ़ी तेज़ हो गया है । ज्यों-ज्यों 'भुतही इमली' नज़दीक आती जाती, मैं भी अपने गाने का स्वर बढ़ाता जाता था ।

संन्यासी ने मेरी पुस्तक की ओर देखा । पूछा, "धार्मिक पुस्तक है ?" मैंने कहा, "नहीं, कहानी की है ।" संन्यासी ने घृणा से मुँह फेर लिया ।

अब मुसाफ़िरों का ध्यान संन्यासी की ओर नहीं है । कुछ पढ़ रहे हैं, कुछ ऊँघ रहे हैं, कुछ जाली के उस पार बैठी तरुणियों पर आँखें लगाये हैं, और जिन्हें कुछ नहीं मिलता वे बेचारे गर्दिश के मारे इस निर्भय प्रौढ़ा की ओर देख लेते हैं ।

रास्ते में एक कुआँ दिखा तो संन्यासी ने बस रुकवायी । कमण्डलु लेकर कुएँ पर पहुँचे, पानी पिया और भरते लाये । उस स्त्री से पूछा, "देवी, पानी पियेंगी ?" स्त्री ने अनिच्छा से एक गिलास पानी पी लिया । हम लोगों को संन्यासी पर अब बड़ी दया आने लगी ।

पचीसों मील निकल गये । संन्यासी माला फेर रहे हैं । एकदम चौंक कर दीन वाणी में बोले, "देवी क्षमा !" शायद माला फेरते-फेरते हाथ लग गया होगा संन्यासी का ।

मील पर मील निकलते जा रहे हैं । संन्यासी का पाठ ज़ारी है । स्त्री भी एक किताब पढ़ रही है । बीच-बीच में एकदम किताब बन्द कर देती है। बड़ी परेशानी से आस-पास देखती है । वह खीझकर बोली, ''महाराज, ज़रा ठीक से बैठो ।'' संन्यासी ने हाथ जोड़कर कातर वाणी में कहा, ''देवी, क्षमा करना, ध्यान में डूब गया था ।''

फिर पचीसों मील निकल गये । संन्यासी ने अब स्थिति के साथ समझौता कर लिया है । पर स्त्री परेशान हो गयी है । ज्यों-ज्यों संन्यासी परिस्थिति के साथ समझौता करते जाते हैं, त्यों-त्यों स्त्री की परेशानी बढ़ती जाती है ।

संन्यासी अब एक ही श्लोक को बार-बार कह रहे हैं । एक बार, दो बार, तीन बार, आठ बार । उनका स्वर टूटा है, उच्चारण में अटपटापन है, गले में खरखराहट ! मैंने पीछे देखा कि कहीं संन्यासी ऊँघ तो नहीं रहे हैं । नहीं, वे तो खूब आँखें फाड़े बैठे हैं । मुझसे आँखें मिलीं तो एकदम चौंक कर श्लोक बदला । बड़ी फुरती से दो-तीन आगे के श्लोक पढ़ गये ।

अब फिर एक श्लोक बार-बार कह रहे हैं । स्वर टूटता हुआ, उच्चारण अटपटा, गले में खरखराहट । निःश्वास की गति बहुत तीव्र है । गीता अँगुलियों में फिसल कर लगभग उलटी हो गयी है ।

बस चली जा रही है । योगी और भोगी को एक गति से ले जा रही है। धुँधलका होने लगा है । बस में मन्द प्रकाश में पढ़ना सम्भव नहीं है । मैंने किताब बन्द कर दी है । सफ़र में अँधेरा होते ही नींद आने लगती है । लोग ऊँघने लगे हैं । मेरा पड़ोसी युवक अब भी किसी अभिनेत्री का चित्र देखने में मशगूल है । संन्यासी जी का अटपटा पाठ चल रहा है । कभी चौथे अध्याय का श्लोक बोल देते हैं, कभी दूसरे का । उनका सिलसिला टूट गया है । उस ओर मेरे परिचित सेठ हथेली पर सिर रखे ऊँघ रहे हैं । वज़ीर मियाँ वैसे ही मुस्तैदी से बैठे हैं । उस सीट पर के वृद्ध सज्जन ने ड्राइवर की सीट तक टाँगें फैला ली हैं । सब शान्त हैं । सब ऊबे हैं । बाहर की प्रकृति भी बड़ी ऊबी-ऊबी सी लगती है । घरघराहट और संन्यासी का गीता-पाठ इन दोनों में ही होड़ है ।

स्त्री बहुत परेशान है । वह एकदम अपनी सीट से उठी । चिल्लाई, ''गाड़ी रोको !'' वज़ीर मियाँ ने गाड़ी रोक दी । ''क्यों क्या बात है बाई?''

उसने पूछा ।

संन्यासी ने कहा, ''क्यों, क्यों ? देवी बैठ जाओ ?''

स्त्री ने संन्यासी को एक चाँटा मारा और बोली, ''लुच्चा बदमाश कहीं का !'' फिर कण्डक्टर से बोली, ''मुझे और कहीं बिठा दो भैया !''

□

दो कथाएँ

ईडन के सेब

लाखों साल पहले की बात है । खुदा ने, जिसे 'गॉड' और 'ईश्वर' भी कहते हैं, सेब का बग़ीचा लगाया था । इसका नाम 'ईडन बाग़' था । ईडन बाग़ में सेब की अच्छी फ़सल होती थी, जिसकी बिक्री से खुदा को बहुत आमदनी होती थी । ईडन बाग़ के सम्बन्ध में खुदा ने अजब बातें फैला रखी थीं, जिनके कारण यह बग़ीचा रहस्यमय हो गया था । उसने यह अफ़वाह फैला रखी थी कि हर सेब के झाड़ पर एक भयंकर साँप रहता है । इस अफ़वाह के कारण पास के सेकेण्डरी स्कूल के लड़के बग़ीचे में नहीं घुसते थे और न उनके शिक्षक उनसे सेब तोड़ लाने के लिए कहते थे ।

एक साल न जाने क्या हुआ कि सारी फ़सल ही ख़राब हो गयी । सेब हुए तो बहुत, पर सब बेस्वाद, भीतर से सड़े हुए । खुदा ने बहुत कोशिश की, पर कोई उन्हें ख़रीदने को तैयार ही न हुआ । एक-दो ग्राहक ले भी गये तो घण्टे-भर में शिकायत करने लौटे । खुदा बड़े चिन्तित थे । सारी फ़सल चौपट हो गयी । एक कौड़ी भी आमदनी की उम्मीद नहीं थी ।

एक दिन खुदा के पास 'ईव' आयी । 'ईव' एक परम सुन्दरी स्त्री थी। वह बुद्धिमती भी थी । ऐसा कम होता है । यह वही ईव थी, जिसने 'ईव्ज वीकली' नामक पत्र निकाला था, जो अभी तक चल रहा है । पूर्व में इतना प्राचीन पत्र शंकर भगवान् का स्थापित किया हुआ 'शंकर्स वीकली' ही है ।

ईव पर सारा इलाक़ा मुग्ध था । उसे देखने के लिए ही भीड़ लग जाती थी । ईव ने खुदा से चिन्ता का कारण पूछा । खुदा ने कहा, ''पूरी फ़सल ख़राब हो गयी ! इन सेबों को कोई मुफ़्त में ले जाने को भी तैयार नहीं है।''

ईव ने कहा, ''मैं आपके सारे सेब बिकवा सकती हूँ ।''

खुदा ने हँसकर कहा, ''रूप का इतना अभिमान ठीक नहीं है । यह कुछ

दिनों का ही है, क्षण-भंगुर है ।''

ईव ने कहा, ''आपकी फ़िलासफ़ी से काम नहीं चलेगा । सवाल यह है कि एक हफ्ते में सड़ जाने वाले इन रद्दी सेबों को कैसे बेचा जाये ? यह चमत्कार मैं कर सकती हूँ ।''

खुदा ने कहा, ''अच्छा, कर सके, तो कर ।''

ईव ने एक सेब तोड़ा । उसे लेकर फ़ोटोग्राफर के यहाँ गयी । उसने हँसते हुए मुँह में सेब रखा और फ़ोटो खिंचवायी । खुदा ने उस चित्र का ब्लॉक बनवाया । ईव अख़बार के दफ़्तर में गयी और एक विज्ञापन दिया जिसमें ईव हँसती हुई सेब खा रही है, और नीचे लिखा है :

''सुन्दरी ईव कहती है—**मैं हमेशा ईडन बाग़ के सेब खाती हूँ । ये स्वादिष्ट और गुणकारी होते हैं । इनसे मेरी त्वचा मुलायम और चमकदार होती है ।**''

दूसरे दिन से यह विज्ञापन अख़बार में छपने लगा और इसके पोस्टर भी दीवारों पर चिपका दिये गये ।

विज्ञापन का पहला शिकार हुआ आदम । आदम सारे इलाके का 'हीरो' था । वह ईव पर जान देता था । वह ईव के पास आया । पूछा, ''सचमुच ये सेब अच्छे हैं ? तुम्हें अच्छे लगते हैं ?''

ईव ने कटाक्ष मार कर कहा, ''हाँ, मैं क्या झूठ बोलती हूँ ?''

आदम ने कहा, ''तो मैं भी खाऊँगा । आओ एक सेब ख़रीदें, जिसे हम दोनों खायें ।''

आदम ने एक सेब ख़रीदा; आधा ईव को खिलाया और आधा ख़ुद खाया। यह बात चारों तरफ़ फैल गयी ।

विज्ञापन का असर होने लगा । पुरुष तो ईव की सिफ़ारिश मानने को यों ही तैयार थे । स्त्रियों ने जब विज्ञापन देखा, तो पहले तो जलकर कहा, ''अच्छा, हरामज़ादी ने फ़ोटो भी छपा लिया !'' आखिरी वाक्य पर नज़र पड़ी—''इनसे मेरी त्वचा मुलायम और चमकदार होती है ।'' तो पति को पुकारा—''सुनते हो ! मैंने कहा, दफ़्तर से लौटते एक सेर ईडन के सेब ज़रूर लेते आना !''

एक महीने बाद ईव खुदा के पास आयी । बोली, ''कहिए खुदाबन्द !''

खुदा ने कहा, ''सब बिक गये !''

नहुष का निष्कासन

शहर में इन्द्रदेव के बहुत-से मकान किराये पर चलते थे । एक पूरे मुहल्ले में उनके ही मकान थे और उन्होंने उस मुहल्ले का नाम 'स्वर्गपुरी' रख लिया था।

नहुष बाबू का तबादला हाल ही में इस शहर का हुआ था। वह मकान ढूँढ़ रहा था । ढूँढ़ते-ढूँढ़ते वह इन्द्रदेव के पास पहुँचा । इन्द्रदेव ने पूछा, "फ़ेमिली है ।"

नहुष ने कहा, "जी हाँ, फ़ेमिली है ।"

"कहाँ है ?"

"अभी तो वहीं है । मकान मिल जाये, तो फ़ेमिली ले आऊँ ।"

इन्द्रदेव ने कहा, "देखिए, यहाँ सब बाल-बच्चे वाले आदमी रहते हैं । शरीफ़ों का मुहल्ला है यह । यहाँ 'सिंगल' आदमी को मकान नहीं देते । सबके घर में बहू-बेटियाँ हैं ।"

नहुष ने कहा, "जी हाँ, आप ठीक कहते हैं, पर मेरी तो 'फ़ेमिली' है। एक-दो महीने में ले आऊँगा । आपको मुझसे कोई शिकायत नहीं होगी । मैं पेशगी किराया देता हूँ और मरम्मत अपने ख़र्च से करा लेता हूँ ।"

इन्द्रदेव ने कहा, "ठीक है । मैं आपको मकान देता हूँ; मगर इस शर्त पर कि दो महीने में आप फ़ेमिली ले आयें ।"

नहुष को मकान मिल गया । वह इन्द्रदेव के मकान से लगा हुआ ही था और पश्चिम की खिड़की से उसका आँगन दिखता था । नहुष वहाँ रहने लगा ।

हर महीने जब वह किराया देने जाता तो इन्द्र कहते, "भई, अब फ़ेमिली ले आओ ।"

नहुष कहता, "बस, अगले महीने छुट्टी लेकर जा रहा हूँ ।"

जब पाँच-छह महीने हो गये तब इन्द्रदेव ने कहा, "मुझे शक होता है कि आपकी फ़ेमिली है ही नहीं । होती तो अब तक ले आते !"

नहुष ने कहा, "सा'ब, फ़ेमिली तो है पर ज़रा 'फ़ेमिली-प्लैनिंग' कर रहा

हूँ । इसीलिए मैंने तबादला कराया है । चौथा बच्चा हुआ था, जब मेरा तबादला हुआ । सोचता हूँ, दो-तीन साल गोल कर दूँ । यों मैं चाल-चलन का अच्छा आदमी हूँ । छह महीने में कोई ऐसी बात नहीं हुई···।''

इन्द्र ने क़हा, ''सो तो मैं सब समझता हूँ । पर दूसरे किरायेदार एतराज़ करते हैं ।''

नहुष ने कहा, ''तो फिर जल्द ही ले आऊँगा ।''

इन्द्र इसके बाद महीने भर के लिए बाहर चले गये ।

एक दिन इन्द्र की शची 'बाथ-रूम' से निकलकर आँगन में बैठी बाल सुखा रही थी । नहुष की खिड़की खुली हुई थी । नहुष वैसे आचरण का अच्छा था, पर कई महीनों से घर से छूटा था । रोकते-रोकते भी उसकी नज़र उधर चली गयी और फिर तो वह एकटक उसे देखने लगा ।

अचानक शची की नज़र खिड़की पर पड़ी और वह एकदम हड़बड़ाकर उठी और ''तेरी आँख ही फूट जाये !'' कहती हुई भीतर भाग गयी ।

मुहल्ले में कुछ रिटायर्ड बूढ़े रहते थे । ये ऋषि कहलाते थे । ये अपनी बहू से लड़ते थे और दूसरे की बहू के 'स्केण्डल' की चर्चा बड़े रस से करते थे । मुहल्ले की स्त्रियों के चरित्र की रक्षा यही ऋषि करते थे ।

शची कपड़े पहन क्रोध से तमतमाती ऋषियों के पास गयी और कहा, ''बाबा, इस नये किरायेदार की नज़र में पाप है ! वो बाहर गये हैं ! आज मैं आँगन में बाल सुखा रही थी, तो वह मुँहजला खिड़की में से घूर रहा था । उसकी आँखों में कीड़े पड़ जायें !''

ऋषियों को ग़ुस्सा आया । उन्होंने कहा, ''इस मुहल्ले में ऐसा कभी नहीं हुआ । बाई, तू जा, हम उसे देखते हैं ।''

शची के जाने पर पहले बूढ़ों ने इस 'स्केण्डल' का रस लिया । कहने लगे, ''ऐसी ही लाजवन्ती है तो भीतर क्यों नहीं रहती ? बताओ भला, घर वाला परदेश गया है और आप आँगन में बाल सुखा रही है ! आयी बड़ी सती-सावित्री बन कर ।''

एक सयाने ने कहा, ''मैंने तो इन्द्र से पहले ही कहा था कि यह आदमी कोई लुच्चा-लफंगा है !''

''पर उसे तो किराये का लोभ है न ! अब वह तुम्हारी ही घरवाली पर

नज़र डालता है ।''

दूसरे ने कहा, ''कुछ भी हो, उसे मुहल्ले से निकाल देना चाहिए । आज उस पर नज़र डाली है; कल हमारी-तुम्हारी बहू-बेटियों को झाँकेगा ।''

सब ऋषि कोध से काँपते उठे और नहुष के मकान के सामने खड़े होकर आवाज़ लगायी—''ए नहुष के बच्चे ! ज़रा बाहर निकल !''

नहुष चाहता तो न बोलता । वह नहुष का बच्चा नहीं, खुद नहुष था; पर वह बाहर निकल आया ।

ऋषियों ने उसे खूब गाली दीं और धक्के मारकर घर से बाहर निकाल दिया ।

□

फ़ेमिली प्लैनिंग

विधाता के जीव-विभाग के एक डिपो में एक कर्मचारी हाथ में एक लिस्ट लिये घूम रहा था । लिस्ट में नम्बर देखकर वह उस नम्बर का जीव निकालता और उसे सावधानी से कपड़े के थैले में रखता जाता । थैला दो-तीन जगह से उधड़ गया था, क्योंकि उसी में वह विधाता के घर सब्ज़ी पहुँचाता था ।

उसने जीव नं. ड/865372 निकाला और उसे थैले में रखने लगा ।

तभी जीव बोल उठा, ''मुझे कहाँ ले जा रहे हो ?''

कर्मचारी ने जवाब दिया, ''तुम्हें एक पिण्ड में डाला जाएगा । तुम फिर जन्म लोगे ।''

जीव ने पूछा, ''किसके घर ? किसकी स्त्री के पेट से ?''

कर्मचारी ने चिढ़कर कहा, ''मुझे जीव से बात करने का हुक्म नहीं है। दुश्मनों ने चुगली कर दी है कि मैं जीवों से घूस लेकर उनके बाप बदल देता हूँ । तुम्हें जो भी पूछना हो, बड़े साहब से पूछो ।''

जीव ने कहा, ''तो ले चलो मुझे अपने बड़े साहब के पास ।''

कर्मचारी जीव को लेकर बड़े साहब के सामने आया । बड़े साहब गुस्से में थे । कर्मचारी को देखकर उबल पड़े, ''तुमने कितना घपला किया है ! आज फिर एक शिकायत आयी है कि तुमने किसी भेड़िये के जीव को मानवी के गर्भ में रख दिया ! अब वह लड़का बड़ा होकर सड़क पर लड़कियों को छेड़ता है । इसके पहले भी तुम ऐसा कर चुके हो । मैं तुम्हें बहुत पहले नौकरी से निकाल देता, मगर मज़बूर हूँ । तुम विधाता के घर में सब्ज़ी पहुँचाते हो ।''

कर्मचारी कुछ नहीं बोला ।

साहब ने पूछा, ''अब क्यों आये हो ?''

कर्मचारी ने जीव को टेबल पर रखकर कहा, ''साहब, यह जीव बहुत बक-बक करता है ।''

साहब ने कहा, "पूर्वजन्म के संस्कार होंगे । किसी रद्दी माल की कम्पनी का एजेण्ट होगा पहले ।"

जीव ने कहा, "मैं एजेण्ट नहीं था, परिवार-नियोजन का डॉक्टर था । और मैं बक-बक नहीं करता । मैं पूछता हूँ कि मैं किसके घर में जन्म लेने वाला हूँ ।"

साहब ने रजिस्टर देखा । पूछा, "तुम्हारा नम्बर ?"

"ड/865372 ।"

साहब ने देखकर बताया, "तुम एक स्कूल मास्टर हरिप्रसाद पाण्डे के लड़के होने वाले हो ।"

"कितनी तनख्वाह मिलती है उसे ?"

"डेढ़ सौ रुपये माहवार ।"

"अभी कितने बच्चे है ?"

"छह । तुम सातवीं सन्तान रहोगे ।"

जीव भुनभुना उठा । बोला, "मैं इसका सातवाँ बच्चा बनने को कतई तैयार नहीं । मैं जन्म नहीं लूँगा । आई रिफ्यूज टू एक्सेप्ट रिबर्थ ।"

साहब को किसी की अकड़ बरदास्त नहीं । बोले, "जैसे जन्म न लेना तुम्हारी इच्छा पर निर्भर हो ! बड़े-बड़े ऋषि-मुनि जीवन-भर तपस्या करते हैं, तब जन्म-मरण के बन्धन से मुक्त होते हैं । और तपस्या करने में कहीं कोई स्त्री आ जाये, तो सब मेहनत अकारथ ! तलवार की धार है ! तुम्हारी अकड़ चल नहीं सकती ।"

जीव ने जवाब दिया, "ऐसी धाँधली भी चल नहीं सकती । मैं खुद भगवान् से मिलूँगा । हाँ, क्या नाम बताया, उस अभागे स्कूल मास्टर का ? हरिप्रसाद पाण्डे नाम कुछ परिचित लगता है । किस शहर में रहता है यह?"

साहब ने बताया, "खण्डवा में ।"

जीव टेबल पर उत्तेजना से फुदक पड़ा, कहने लगा, "खण्डवा ! मैं भी तो वहीं रहता था । मैं इसे खूब जानता हूँ । यह मेरे दवाखाने के पास ही रहता है । अरे, यह तो वही 'डू इट' मास्टर है !"

साहब ने कहा, " 'डू इट' मास्टर कैसा नाम है ? उधर तो ऐसे नाम नहीं होते ।"

जीव ने कहा, ''यह उसका प्रचलित नाम है । उसके विद्यार्थियों ने दिया है । लड़के इससे सवाल पूछते हैं, तो यह बताता नहीं है, बल्कि उनके कान खींचकर कहता है, 'बन जायेगा, गधे ! डू इट ! डू इट!' बस, लड़कों ने उसका नाम 'डू इट मास्टर' रख दिया । अरे, मैं इसे खूब जानता हूँ । मैं भला इसका सातवाँ लड़का बनूँगा !''

साहब की ज़िन्दगी मनहूस वातावरण में बीत गयी थी । ऐसी दिलचस्प बातें सुनीं, तो मन में प्रसन्न हो गये । जीव से बोले, ''मैं तुमसे प्रसन्न हूँ । पर मैं कुछ कर नहीं सकता । मेरे हाथ नियमों से बँधे हैं । जन्म और मृत्यु भगवान् के हाथ हैं । मैं तुम्हें उनके पास भेज देता हूँ ।''

जीव को भगवान् के पास ले जाया गया । भगवान् उस समय अपनी स्तुति की पुस्तक का नया संस्करण देखकर प्रसन्न हो रहे थे । अच्छे 'मूड' में थे। जीव को पुस्तक दिखाकर पूछा, ''कैसी है ? तुमने पढ़ी है ?''

जीव ने कहा, ''थोड़ी-सी पढ़ी है । फिर बोर हो गया । लिखी अच्छी है, पर अवैज्ञानिक है—अनसाइण्टिफ़िक, इफ़ यू अण्डरस्टैण्ड !''

भगवान् ने बहस करना उचित नहीं समझा । पूछा, ''तुम्हें क्या काम है?''

जीव ने कहा, ''मैं बड़ी विडम्बना में हूँ । मैं पूर्व-जन्म में परिवार-नियोजन का डॉक्टर था । दूसरे बच्चे के बाद हज़ारों ऑपरेशन मैंने किये हैं । और अब मुझे ही एक स्कूल-मास्टर का सातवाँ बच्चा बनाकर भेजा जा रहा है ! ज़रा ट्रेजेडी पर ग़ौर फ़रमाइए ।''

भगवान् ने पूछा, ''तुम्हें आपत्ति क्यों है ?''

जीव ने समझाया, ''भगवन्, आप तो कुछ देखते-समझते नहीं हैं--- बच्चे पर बच्चे देते जाते हैं । मैं जानता हूँ कि ग़रीब मास्टर के सातवें बच्चे की ज़िन्दगी कैसी होगी । यह आदमी मेरे दवाखाने के पास ही रहता है । इस के बच्चे न भर-पेट खा पाते हैं, न कपड़े पहन पाते । भूखे, मरियल, गन्दे बच्चे हैं इसके । न स्वास्थ्य, न शिक्षा, न संस्कार, न कोई भविष्य ! मैं इसका सातवाँ लड़का रहूँगा । ज़रा मेरी हालत की कल्पना कीजिए ! इसके पहले लड़के का कोट दूसरा लड़का पहनता है और दूसरे का तीसरा और तीसरे का

कोट चौथे को मिल गया होगा । मुझे तो फटा-पुराना कोट भी नहीं मिलेगा, क्योंकि मुझसे बड़ी बाक़ी सब लड़कियाँ हैं । वह मास्टर शादी के बाद तीन-चार साल तक बढ़िया सूट पहनता था । फिर मैंने अपनी आँख से उसे चौथे बच्चे की नाक अपने कोट से पोंछते देखा है ।''

भगवान् ने कहा, ''पर वह सन्तान तो चाहता है !''

जीव ने जवाब दिया, ''वह क्या ख़ाक सन्तान चाहेगा ? सन्तान होना तो उसकी मजबूरी है । वह तो बच्चों से तंग आ गया है । उन्हें मारता है, गाली देता है और चिल्लाता है कि अभागे मरते भी नहीं हैं, मुझे खाये जाते हैं । वह अपनी पत्नी से लड़ता है । कहता है, तूने इतने बच्चे पैदा कर के रख दिये ? वह जवाब देती है कि क्या मैंने अकेले ही बच्चे पैदा कर दिये ! तब तर्क के अभाव में वह अपनी स्त्री को पीटता है और बच्चे देखते हैं कि बाप माँ को इसलिए पीट रहा है कि हम पैदा हो गये । बाप और बेटे परस्पर घृणा करते हैं । ऐसे घर में आप मुझे भेजना चाहते हैं !''

भगवान् को बातों में रस आने लगा था । उन्होंने कहा, ''पर तुम तो परिवार-नियोजन के डॉक्टर थे । तुमने क्यों नहीं यह सिलसिला बन्द करवाया? तुमने शायद अगना कर्त्तव्य नहीं निभाया ?''

जीव के अभिमान को ठेस लगी । वह बोला, ''सारा इलाक़ा जानता है कि मैंने कितना काम किया है । अनगिनत परिवार मैंने नियोजित किये । अगर मैं दस साल और जीवित रहता, तो आदमी क्या कुत्ते-बिल्ली भी दो से ऊपर पिल्ले-विल्ले पैदा नहीं कर पाते । मैंने तो तीसरे बच्चे के बाद ही इस बेवकूफ़ से कहा था...''

भगवान् ने टोका, ''वह तुम्हारा पिता होगा । तुम उसे बेवक़ूफ़ कहते हो !''

जीव लापरवाही से बोला, ''पिता कैसे होगा ? अगर हुआ भी, तो दुश्मन होगा । मैंने उस बेवक़ूफ़ से कहा कि अब बस करो । तुम एटमयुग के आदमी हो । विज्ञान ने बहुत आसान साधन प्रदान किये हैं । मेरे दवाखाने आओ । उसने एक दो बार 'हूँ-हाँ' किया, पर फिर वह मुझसे कतराने लगा। न जाने क्या डर और संकोच उसे लगा ! इसके बाद चौथा हुआ और मेरे यहाँ आने के ज़रा पहले पाँचवाँ भी हो गया । इधर मेरी पीठ फिरी कि सुना

है—छठा भी हो गया ! दुनिया में ये कुछ लोग ऐसे हैं, जो आधुनिक पोशाक में 'केव मैन'—गुहामानव—हैं, पूर्व पाषाण-काल के, पूर्णतः प्रकृति के वशीभूत, विवश । लाखों वर्षों की वैज्ञानिक उपलब्धियाँ उनके लिए व्यर्थ हैं। इनका परिवार-नियोजन तो आप भी नहीं कर सकते । अगर आप इन्हें आदमी के बच्चे देना बन्द कर दें, तो ये कुत्ते-बिल्ली पैदा करेंगे ।''

भगवान् ने कहा, ''परन्तु तुम अधिक बच्चों के इतने विरोधी क्यों हो ? मेरे भी तो करोड़ों बच्चे हैं । सारे आस्तिक मुझे पिता कहते हैं ।''

जीव सूक्ष्म रूप में ही हँसा । बोला, ''यह भी आपका एक प्यारा भ्रम है । वे सब तो मन्दिर और चर्च में प्रार्थना की छपी पुस्तक में से पढ़कर ऐसा कहते हैं । बाहर कोई आपको पिता नहीं मानता । कोई वल्दियत में छोटेलाल लिखवाता है और कोई बाबूलाल । एक था, जो खुलेआम आपको अपना पिता कहता था—ईसा मसीह । मगर यह उसका अपराध माना गया और आपके झूठे बेटों ने उसे सूली पर चढ़ा दिया ।''

इस वक्तव्य से भगवान् को बुरा लगा । वह डॉक्टर के जीव से अब अधिक बात नहीं करना चाहते थे । उन्होंने अन्तिम निर्णय दे दिया, ''मेरा विधान टल नहीं सकता । तुम्हें उसके यहाँ जन्म लेना ही पड़ेगा ।''

जीव ने धैर्य खो दिया । वह उत्तेजित हो गया । उसने क्रोध से कहा, ''आपको न्याय-अन्याय का ख़याल भी है कि नहीं ? मैं आपके वैष्णव रूप की ही बात कहता हूँ । आपको एक बार जन्म लेना पड़ा, तो आपने छाँट कर एक चक्रवर्ती सम्राट् दशरथ को अपना पिता चुना । किसी स्कूल मास्टर के सातवें बच्चे क्यों नहीं हुए आप ? आप तो होंगे राजा के लड़के ! और तब राजा के भी हज़ारों लड़के होते थे, पर आपके पिता के सिर्फ़ चार लड़के, जिनमें सबसे बड़े आप ! महल, नौकर, अच्छे कपड़े, अच्छा खाना और प्रायवेट ट्यूटर ! फिर आपको एक 'कॉमनर' वसुदेव के घर जन्म लेना पड़ा । तब आपका नम्बर नवाँ था । पर आपने कंस के निमित्त से अपने पहले के आठों बच्चों को विदा करा दिया । आप इकलौते हो गये ! और मुझे एक ग़रीब आदमी का सातवाँ बच्चा बनाकर भेज रहे हैं !''

जीव ने अविवेक किया । दिन-रात स्तुति सुनने के आदी से ऐसी खरी अप्रिय बातें नहीं कही जातीं ।

भगवान् क्रोध से लाल हो गये । कठोर स्वर में बोले, ''अपना बाप चुनने का अधिकार किसी को नहीं है । जाओ ! कल तुम मास्टरनी के गर्भ में डाल दिये जाओगे ।''

बाहर निकलते ही जीव रो पड़ा, ''हाय ! सातवाँ !''

अख़बार में खबर छपी थी :

''हरिप्रसाद पाण्डे नामक एक शिक्षक के यहाँ एक विचित्र बालक ने जन्म लिया है । वह जन्म से ही बूढ़ा है । उसके बाल सफ़ेद हैं और चेहरे पर झुर्रियाँ हैं । उसके कन्धे झुके हुए हैं । वह न हँसता है, न शोर करता है । बूढ़े आदमी की तरह उदास और गम्भीर रहता है । इस बालक में एक और विचित्र बात है । सात बजे वह एकदम चीख़ पड़ता है और सात तारीख़ को तो दिन-भर रोता रहता है । श्रद्धालुओं का विश्वास है कि यह कोई ऋषि असार संसार में अनिच्छा से आ गया है ।''

□

पाठकजी का केस

भगवान् को भारत से हर वर्ष एक निश्चित मात्रा में पूजा मिलती है । तीन चौथाई पूजा-स्तुति उन सरकारी नौकरों की तरफ़ से मिलती है, जो सस्पेण्ड हो जाते हैं, जिनकी तरक्की रोक ली जाती है या जिन पर घूस आदि के मामले चलते हैं । इस तरह भगवान् की सत्ता सरकारी नौकरों के 'कण्डक्ट रूल्स' और 'इण्डियन पेनल कोड' पर टिकी हुई है । दो सरकारों के सहयोग का इससे अच्छा उदाहरण नहीं मिल सकता । यदि भारत सरकार अपने कर्मचारियों के खिलाफ़ कार्रवाई न करे तो मध्यम वर्ग से भगवान् का नाम उठ ही जाये।

सन् 1962 के आरम्भ में एक दिन भगवान् ने अपने सचिव से पूछा, "पिछले साल मुझे कुल कितनी पूजा मिली ?"

सचिव ने हिसाब देखकर बताया, "प्रभु, आपके निराकार, साकार, राम, कृष्ण आदि सब रूपों को मिलाकर 17 करोड़ 55 लाख 61 हज़ार 8 सौ 71 शब्द यूनिट पूजा-स्तुति आपको मिली है । अष्टग्रह योग के कारण जो विशेष उपलब्धि हुई है, उसका हिसाब अलग है ।"

भगवान् ने कहा, "लेकिन सामान्य स्थिति में जितनी पूजा मिलती थी, उससे तो कम मिली । इसका क्या कारण है ?"

सचिव ने निवेदन किया, "भगवन्, पिछले छह महीनों से सरकार ने कर्मचारियों के खिलाफ़ कोई कार्रवाई नहीं की, क्योंकि आगे आम चुनाव होने वाले हैं । असन्तुष्ट कर्मचारी सरकारी दल के लिए ख़तरनाक होते हैं ।"

भगवान् ने कहा, "ठीक है, भारत सरकार की कठिनाई हम समझ गये। पर आम चुनाव के बाद कुछ कर्मचारियों पर कार्रवाई होनी चाहिए, जिससे पिछली कमी पूरी हो जाये ।"

आम चुनाव के समाप्त होने पर पाठकजी की तरक्की रोक दी गयी । पाठकजी समझ गये कि यह सब भगवान् की चालबाज़ी है । वह पूजा चाहते हैं ।

पाठकजी के हृदय के सूखे नाले में भगवान् की अकृपा के मेघ से ऐसा भक्ति-जल बरसा कि पूर आ गया । वे ईश्वर की पूजा में लग गये । जीवन धार्मिक हो गया । सुबह-शाम दो-दो घण्टे एकाग्रचित्त हो पूजा करते । शनिवार को हनुमान् के मन्दिर जाते और बायें पाँव का सिन्दूर कपाल तथा कण्ठ पर लगाते । रात को रामचरितमानस का पाठ करते, जिसमें हर चौपाई के बाद अर्द्धाली कहते—''मंगल भवन अमंगल हारी । द्रवहु सो दशरथ अजिर बिहारी ।'' पूर्णमासी को सत्यनारायण की कथा करवाते और जब सुनते कि कथा सुनकर प्रसाद बाँटते ही 'साधुनाम बनिया' का डूबा जहाज़ उबर आया, तो उन्हें विश्वास हो जाता कि आज-कल में तरक्की का हुक्म आता ही है । और लीलावती कलावती के भाग्य पलटने की कथा सुनकर पाठकिन की आँखों में हर्ष के आँसू आ जाते—''भगवान्, जैसे उनके दिन फिरे, वैसे हमारे भी फिरें ।''

सूर्योदय से पहले पाठकजी स्नान कर लेते । 'सी-सी' करते हुए श्लोक पाठ करते जाते—''गंगा यमुना सरस्वती कावेरी...''

फिर जनेऊ को धोती पर घिस कर सुखाते हुए यह चौपाई कहते जाते—''प्रविसि नगर कीजै सब काजा । हृदय राखि कोसलपुर राजा ।।'' ठण्ड अधिक लगती तो 'सी-सी' करते हुए झटके के साथ सिर्फ़ इतना टुकड़ा ही बार-बार कहते, ''प्रविसि नगर कीज़ै—सी—प्रविसि नगर कीजै—सी ।'' इसके बाद पूजा पर बैठ जाते ।

रात को बच्चों-समेत आरती करते—''जय जगदीश हरे—स्वामी जय जगदीश हरे !'' और जब कहते, ''भक्त जनों के संकट पल में दूर करे !'' तो लगता कि भगवान् गरुड़ पर बैठ आते हैं और दफ़्तर से पाठक बाबू की फ़ाइल चुरा कर चल देते हैं ।

पहले जासूसी उपन्यास पढ़ते थे, अब धार्मिक पुस्तकें पढ़ने लगे । पड़ोसी का लड़का हमेशा की तरह कोई उपन्यास माँगने आया तो पाठकिन ने कहा, ''अब वे उपन्यास नहीं पढ़ते । ऊँची पुस्तकें पढ़ते हैं, धार्मिक पुस्तकें पढ़ते हैं ।''

लड़के ने देखा पाठकजी की टेबुल पर गीता, रामायण, राम-कृष्ण-वचनामृत, जीवन-सन्देश, सफलता की कुंजी, सुख की साधना, ब्रह्मचर्य ही

जीवन है आदि पुस्तकें रखी हैं ।

पाठकिन सच्ची सहधर्मिणी थीं । तरक्की रुकने के कारणों में जैसे उनका सहयोग था, वैसे ही तरक्की की साधना में । पड़ोसिनों से कहतीं, ''उनका भगवान् में मन लग गया है । नियम से पूजा करते हैं । दुनिया इधर से उधर हो जाये, पर वे पूजा में से नहीं उठते ।''

जब पाठकजी पूजा पर होते, पाठकिन बच्चों को एक कमरे में बन्द कर देतीं । खुद बरामदे में बैठतीं और कोई पाठकजी से मिलने आता, तो कह देतीं, ''पूजा पर बैठे हैं । अभी नहीं मिलेंगे ।''

वर्माजी का बड़ा लड़का भागता हुआ आया । पूछा, ''चाची, चाचाजी कहाँ हैं ?''

''क्यों ? क्या बात है ? तू तो बड़ा घबराया लगता है !'' पाठकिन ने कहा ।

लड़का बोला, ''बाबूजी की तबीयत एकदम से बहुत ख़राब हो गयी । चाचाजी को जल्दी बुलाया है ।''

पाठकिन ने कहा, ''बेटा, वे तो पूजा पर बैठे हैं ।''

लड़के ने कहा, ''उनसे कह दो । एकदम बुलाया है ।''

पाठकिन ने कहा, ''वे पूजा के बीच नहीं उठते, चाहे दुनिया इधर से उधर हो जाये । पूजा पूरी हो जायेगी, तब आयेंगे ।''

वह चला गया । पाठकिन बटन टाँकने लगीं ।

''पाठक साहब हैं ?'' एक आदमी ने साइकिल से उतरते-उतरते पूछा।

पाठकिन ने ध्यान से उसे देखा । पहचान गयीं । बोलीं, ''क्या काम है ?''

उसने कहा, ''कपड़े का बिल था । आज देने को बोले थे ।''

पाठकिन ने कह दिया, ''फिर आना । अभी नहीं मिलेंगे ।''

वह बोला, ''उन्होंने आज बुलाया था । कई महीने हो गये हैं ।''

पाठकिन ने नाराज़ी से कहा, ''कह दिया, फिर आना । वे पूजा कर रहे हैं । पूजा के बीच में नहीं उठते, चाहे दुनिया इधर की उधर हो जाये । समझे ? फिर आना ।''

पाठकिन ने दाँत से धागा काटा और दूसरी बटन उठायी । अभी धागा

अँगुलियों से ऐंठ रही थीं कि चपरासी आ गया ।

"बाई साब, साहब हैं ?"

"हाँ, पूजा कर रहे हैं । क्यों ?"

"भोपाल (राजधानी) से सेक्रेटरी साब आये हैं । बड़े साब बोले हैं कि पाठक साब को मिलने के लिए बुला लाओ ।"

पाठकिन सोच में पड़ी । फिर कहा, "पर वे पूजा के बीच में कैसे उठेंगे ! पूरी हो जाये, तब भेज दूँगी ।"

चपरासी ने कहा, "साब ने तो एकदम बुलाया है ।"

पाठकिन ने कहा, "भैया, वे पूजा के बीच में नहीं उठते, चाहे दुनिया इधर की उधर हो जाये । कहना, थोड़ी देर में आते हैं ।"

चपरासी ने साइकिल पर पाँव रख दिया ।

पाठकजी के कान में भनक पड़ गयी थी । वे एकदम बाहर आये । पाठकिन ने आँखें फाड़ लीं, "अरे, तुम तो पूजा में से उठ आये !"

"कौन आया था अभी ?"

"दफ़्तर का चपरासी था ।"

"क्या कहता था ?"

"कहता था, भोपाल से सेक्रेटरी साहब आये हैं, सो बड़े साहब ने मिलने को बुलाया है । मैंने कह दिया..."

"क्या कह दिया ?" जैसे गोली छूटी हो । पाठकिन सहम गयीं ।

"कह दिया कि अभी पूजा कर रहे हैं--- बाद में आयेंगे ।"

पाठकजी क्रोध से लाल हो गये । चिल्लाये, "ऐसा क्यों कह दिया ? मुझसे पूछा क्यों नहीं ?"

पाठकिन ने डरते-डरते कहा, "तुम तो पूजा कर रहे थे ।"

पाठकजी ने फिर गोली छोड़ी, "पूजा कर रहा था तो क्या हुआ ? तुम्हारी अक्ल तो मारी गयी है । लाओ, कपड़े लाओ मेरे । जल्दी ।"

पाठकिन ने कपड़े लाकर दिये । पाठकजी बड़बड़ाते हुए बग़ल के कमरे में चले गये, "पत्थर पड़े हैं अक्ल पर । सिर में भूसा भरा है । बेवकूफ़ कहीं की ।"

थोड़ी देर बाद चिल्लाये, "मेरे जूते लाओ ।"

पाठकिन ने जूतों का जोड़ा लाकर दिया ।

पाठकिन को विश्वास था कि उन्होंने ठीक किया है । साहस बटोरकर कहा, ''तुम्हीं ने तो कह रखा था कि कोई भी आये, मुझे पूजा में से मत उठाना ।''

बात सही थी, इसलिए पाठकजी को और क्रोध आ गया । चिल्लाये, ''फिर वही बात ! कहा था, कहा था ! जाओ कहा था । पर क्या ये भी कहा कि साहब का चपरासी आये तब भी—उलटी खोपड़ी है तुम्हारी ।''

पाठकिन पाठकजी के ग़ुस्से से बहुत डरती थीं । औरतों में कहती भी थीं, 'उनका गुस्सा बहुत ख़राब है ।' वे बिलकुल घबरा गयीं । ज़बान लड़खड़ाने लगी । क़ैफ़ियत देने का आखिरी कमज़ोर प्रयत्न किया, ''सुना, मैंने सोचा कि यह ठीक नहीं है कि भगवान् की···भगवान् की यानी भगवान् की पूजा से···''

पाठकजी ने दाँत पीसकर कहा, ''क्या भगवान्-भगवान् लगा रखा है ! 'केस' भगवान् के पास है कि सेक्रेटरी के पास ?''

उन्होंने झुककर जूते के बँद ज़ोर से कस लिये ।

□

वे सुख से नहीं रहे

······और वे सुख से रहने लगे ?

नहीं, कहानी का अन्त ऐसा नहीं हुआ ।

हुस्नबानो के सातों सवालों का जवाब हातिम ने दे दिया और हुस्नबानो ने मुनीरशामी से शादी कर ली । और वे···नहीं, सुख से नहीं रह सके ।

हाल ही में एक पर्यटक को हुस्नबानो की डायरी मिल गयी है । शादी के बाद की डायरी के पहले पृष्ठ पर लिखा मिला है, ''आगे के पन्नों को कोई न पढ़े । ये कभी प्रकाशित न हों, वरना ज़रूरतमन्द किसी की मदद लेते डरेगा और उपकारी किसी की मदद करने में हिचकेगा ।''

हुस्नबानो की डायरी

15 नवम्बर

ये हातिम भाई जी बहुत 'बोर' करते हैं । रोज़ शाम को आ बैठते हैं और आधी रात तक अपने अनुभव सुनाते रहते हैं । 'ये' तो उनके अहसानों से दबे हैं, पर मुझसे यह बरदाश्त नहीं होता । कल रात एक बजे उठे । मुझे बेहद नींद आ रही थी, पर वे एक घटना ख़त्म होते ही दूसरी उठा लेते, ''हाँ तो जब मैं उस बियाबान में पहुँचा···'' मेरा तो सिर दुखने लगा । ये भी ऊँघ रहे थे । मैं बार-बार हातिम भाई को बता-बता कर जम्हाई लेती--एक-दो बार तो मेरी आँखें भी झप गयीं । पर हातिम भाई को कुछ समझ में नहीं आ रहा था । वे उसी जोश से संस्मरण सुनाते गये । हमने बीच में 'हूँ' करना भी बन्द कर दिया, पर हातिम भाई हममें से किसी पर नज़रें गड़ाकर कह उठते, 'सुना तुमने, मुनीरशामी ?' या 'समझी हुस्नबानो ?' और हमें मजबूरन 'हूँ-हाँ' करना पड़ता । हमारी बुरी हालत थी । इन परोपकारी आदमियों से भगवान् बचाये ! जो करेंगे, उसका दस गुना क़िस्सा दसों बार

सुनायेंगे । हम तो बड़े परेशान हैं ।

(बीच के पन्ने ग़ायब हैं ।)

20 नवम्बर

हद हो गयी । हमसे रोज़-रोज़ इस तरह 'बोर' नहीं हुआ जाता, नहीं हुआ जाता, नहीं हुआ जाता ! मैं तो कहती हूँ कि हातिम भाई से साफ़ कह देना चाहिए कि हमारे पास उनके क़िस्से सुनने के लिए इतना वक़्त नहीं है । पर ये कहते हैं कि उन्हें बुरा लग जायेगा । अरे, लग जाये एक बार बुरा, हमेशा की परेशानी तो मिटेगी । 'ये' कहते हैं कि उन्होंने काम तो अपना किया है—संस्मरण किसे सुनायें ? मैं कहती हूँ, ये किताब क्यों नहीं छपा देते। हम भी पढ़ लेंगे । अजीब आदमी हैं ! इतना भी नहीं सोचते कि शाम को पाँच बजे तो यह आदमी दफ़्तर से लौटा होगा । मैं छह बजे से इसके घर जाकर आधी रात तक कैसे बैठा रहूँ !

रात को एक बजे उठे । कहने लगे, "बातों-ही-बातों में कितना वक़्त निकल गया ! तुम लोगों को असुविधा तो नहीं होती ?" इन्होंने बनावटी भाव से कहा, "आप भी कैसी बात करते हैं, हातिम भाई ! जी चाहता है, सुबह तक सुनते रहें । मगर आपकी तन्दुरुस्ती का भी ख़याल रखना पड़ता है । आप को वक्त से खाना और सोना चाहिए ।" हातिम भाई बोले, "अरे, छोड़ो भी। अपने बारे में सोचने का मुझे कभी वक़्त ही नहीं मिला ।" वे फिर बैठ गये और क़िस्सा शुरू कर दिया, "हाँ, एक बार तो बड़े मज़े की बात हुई । मैं दरिया के किनारे खड़ा था । भूख से जान निकल रही थी । सोचता था कि यहीं भूखा मर जाऊँगा । इतने में क्या देखता हूँ कि एक नाव बहती चली आ रही है जिसमें गोश्त और रोटी रखे हैं…" ओफ्फोह ! हम उनसे कैसे कहें कि यह क़िस्सा हम पाँच बार सुन चुके हैं ।

अब तो मुझे सपना आता है, तो यही कि हातिम भाई अपने संस्मरण सुना रहे हैं । पिछली रात ऐसा सपना देखकर मैं चीख पड़ी । इन्होंने पूछा, "क्या बात है ?" मैंने कहा, "तुम्हारे दोस्त के मारे न दिन चैन, न रात चैन ! सपने में भी अब वही आते हैं ।"

21 नवम्बर

आज हमने एक तरक़ीब से काम लिया । हम पहला शो सिनेमा चले गये । सोचा कि शाम को हातिम भाई आयेंगे और हमें ना पाकर लौट जायेंगे। क़रीब साढ़े नौ बजे हम लौटे । बहुत खुश थे कि कई दिनों में आज पहली बार ऐसा हुआ कि हम हैं और हातिम भाई नहीं हैं । नौकर ने दरवाज़ा खोला और मैंने खुशी से उबलकर पूछा, "क्यों, हातिम भाई आये थे ?" उसने कहा, "वे तो शाम से ही बैठक में इन्तज़ार कर रहे हैं ।" हमारा खुन सूख गया। ज़मीन में गड़-से गये । हाय, अब क्या करें ? कहाँ चले जायें ? हमसे अपने ही घर में नहीं घुसा जा रहा था । इतने में हातिम भाई खुद दरवाज़े पर आये और बोले, "अरे, तुम लोग भीतर क्यों नहीं आते ? किसी पशोपेश में खड़े हो ?" इन्होंने मरी आवाज़ में कहा, "कुछ नहीं, हातिम भाई ! यों ही ।" हातिम भाई हँसने लगे । फिर बोले, "तुम मत बताओ, पर मैं समझ गया। तुम सोचते होगे कि हातिम भाई को हमारे कारण तकलीफ़ हुई। उन्हें इन्तज़ार करना पड़ा । है न ? इसी अफ़सोस में तुम ठिठके हो। मगर सुनो, मुझे कोई तकलीफ़ नहीं हुई । आख़िर घर में ही तो बैठा था मैं--- कोई जंगल तो है नहीं ! आओ, भीतर आओ । मुझे बिलकुल बुरा नहीं लगा--- अपनी क़सम। ऐसी छोटी-छोटी बातों से परेशान मत हुआ करो ।"

वे अभी-अभी उठ कर गये हैं । 'ये' मुझे ही दोष देते हैं कि न तुम शादी के लिए सात कठिन सवाल रखतीं, न मैं 'हातिम' की गदद लेता न आज इस तरह 'बोर' होना पड़ता । मगर मैं कहती हूँ कि क़सूर तुम्हारा है। तुममें ही अगर सवालों के जवाब देने की हिम्मत होती, तो यह परेशानी आज न होती । दूसरों के जवाबों के भरोसे शादी करने वालों का यही होता है ।

(कुछ पन्ने ग़ायब हैं ।)

1 दिसम्बर

हातिम भाई आज दोपहर में आये । 'ये' दफ़्तर गये थे । बाहर से पुकारा, "मुनीरशामी हैं क्या ?" मैंने झट से दरवाज़ा खोल कर कहा, "वे घर नहीं है, भाई साहब !" वे बोले, "अच्छा ! इधर एक काम से आया था--- सोचा, तुम लोगों से मिलता चलूँ ।" मैं सोचती थी, ये चले जाएँगे । पर वे

खड़े रहे । मुझे कहना पड़ा, "आइए बैठिए ।" वे आकर बैठ गये । मैं घबरा रही थी कि आज दिन-भर का संस्मरण मुझे अकेले सुनना पड़ेगा । पर वे मेरी कुशल-क्षेम पूछने लगे ।

"और क्या हालचाल हैं, हुस्नबानो ? तुम अच्छी हो ?"

"आप की दुआ से अच्छी हूँ ।"

"कोई तकलीफ़ तो नहीं है ?"

"जी कोई तकलीफ़ नहीं ।"

"किसी चीज़ की ज़रूरत ?"

"जी नहीं । सब कुछ हैं ।"

"देखो, मुझसे कोई संकोच मत करना । जो चाहिए, मुझे बताना । तकलीफ़ हो तो मुझसे कहना ।"

मैं बड़ी परेशान थी । इन बातों का क्या जवाब दूँ । मैंने ज़रा खीझकर कहा, "हातिम भाई, मुझे जो ज़रूरत होगी, पहले उनसे कहूँगी । आप क्यों चिन्ता करते हैं ?" मेरा अन्दाज़ था कि उन्हें बुरा लग जायेगा । पर वे तो बड़े उत्साह से कहने लगे, "वाह, चिन्ता क्यों न करूँ ? आख़िर मैंने ही तो मुनीरशामी से तुम्हारी शादी करायी है । तुम्हारे सुख-दुःख की ज़िम्मेदारी मेरे ऊपर है ।"

हाय रे, परोपकारी आदमी भी क्या मुसीबत है ! आप उपकार न करना चाहें, तो भी वह आपका भला करने पर हमेशा उतारू रहेगा । वे बड़ी देर ऐसी ही बातें करते रहे । वे यह मानने को तैयार नहीं थे कि मुझे कोई तकलीफ़ नहीं है । मुझे बड़ा वैसा लग रहा था । घर में नौकर-चाकर क्या कहते होंगे ? मैंने अभी 'इनको' बताया नहीं है कि वे यों ही बहुत परेशान हैं।

2 दिसम्बर

आज फिर हातिम भाई दोपहर को आ गये । पुकारा, "मुनीरशामी हैं क्या ?" जब इन्हें मालूम है कि वे दोपहर में दफ़्तर में होते हैं तब क्यों पुकारते हैं कि मुनीरशामी हैं क्या ? मैंने खिड़की में से ही जवाब दिया, "वे घर पर नहीं हैं, भाई साहब !" पर वे दरवाज़े के पास बढ़ आये, यह कहते हुए—"जब

इतनी दूर आया हूँ तो घड़ी भर बैठ लूँ ।'' अब मैं क्या करती ? यह तो हरगिज़ कहा न जाता, आप नहीं बैठ सकते । मैंने दरवाज़ा खोला और वे आकर बैठ गये ।

बोले, ''हुस्नबानो, तुम दुबली हो गयी हो ।''

मैंने कहा, ''नहीं हातिम भाई, मैं तो भली-चंगी हूँ । मेरा तो वज़न बढ़ा है ।''

वे कहने लगे, ''नहीं, मेरी आँखें धोखा नहीं खा सकतीं । मैं देश-विदेश घूमा हूँ, मैंने हज़ारों आदमी देखे हैं । ज़रूर तुम्हे कोई तकलीफ़ है । तुम मुझ से छिपा रही हो ।''

मुझे गुस्सा आ गया । मैंने तैश में कह दिया, ''जो आपसे कहा जाए, उसे आप मानते नहीं और अटकल लगाते हैं । जब मैं कह रही हूँ...''

मेरी बात काटकर वे बड़े मीठे स्वर में कहने लगे, ''देखो, बुरा मत मानो। मैं यही चाहता हूँ कि तुम सुखी रहो । मैं क्या जानता नहीं हूँ कि मुनीरशामी ज़रा ग़ैर-जिम्मेदार आदमी है । वह तुम्हारी कद्र नहीं करता । जितना चाहिए, उतना ध्यान नहीं देता । उसे ऐसी अच्छी बीवी सहज मिल गयी है न ! मगर जिसने तुम्हारे सात सवालों के जवाब दिये हैं, वह तुम्हारी क़ीमत जानता है ।''

मुझसे सुना नहीं जा रहा था । जवाब देती हूँ तो ये और बात बढ़ायेंगे। मैं कोई बहाना बनाकर उठ दी । वे भी थोड़ी देर बैठकर चले गये ।

अगर वे रोज़ इस तरह आने लगे, तो क्या होगा । मुहल्ले में खुसफ़ुस होने लगी है । दीवार के उस पार वाली बुढ़िया किसी से कह रही थी, ''यह हातिम कहीं से देखता रहता है कि मुनीरशामी बाहर गया । तब आकर बड़े भोलेपन से पुकारता है, ''मुनीरशामी है क्या ?''

क्या करूँ ? कुछ समझ में नहीं आता ।

3 दिसम्बर

आज सुबह मैंने 'उन्हें' बता दिया । उन्हें बड़ा बुरा लगा । वे बड़ी देर तक सोचते रहे । फिर बोले, ''यह अच्छी बात नहीं है । न जाने उनके मन में क्या है । और फिर लोग क्या कहते होंगे ! बहुत हुआ । अब आयें तो

कहना कि मुनीरशामी ने आपको शाम को बुलाया है ।''

मैंने तय किया कि आज दरवाज़ा नहीं खोलूँगी । जब उन्होंने आवाज़ दी, तो मैंने खिड़की में से कहा, ''वे घर में नहीं हैं । कह गये हैं कि आप शाम को आयें ।'' वे बोले, ''अच्छा-अच्छा, शाम को भी आऊँगा । अभी ज़रा एक मिनिट सुनो । दरवाज़ा खोलो ।'' मैंने कहा, ''भाई साहब, आप उनकी ग़ैरहाज़िरी में मत आया करिए । वे एतराज़ करते हैं ।'' वे तो हँस पड़े । कहने लगे, ''वाह रे बुद्धू ! इसे कभी अक्ल नहीं आयेगी । अच्छा, यह सामान रख लो ।'' मैंने सोचा कि ये खिड़की में से देंगे, तो लोग देखेंगे। इससे अच्छा है, दरवाज़ा खोल दूँ । वे भीतर आये और कागज़ों में लिपटी एक साड़ी निकालकर बोले, ''यह तुम्हारे लिए लाया हूँ । यह एक परी ने मुझे दी थी । एक बार मैं जंगल में चला जा रहा था कि देखा, एक राक्षस किसी परी को पकड़े ले जा रहा है । मैंने राक्षस को पछाड़ दिया । परी बहुत खुश हुई । उसने मुझे यह साड़ी दी और कहा कि इसके पहनने से कभी बुढ़ापा नहीं आता ।''

पहले तो मेरा इरादा इनकार करने का हुआ । पर फिर यह सोचकर कि इससे बुढ़ापा नहीं आयेगा, मैंने उसे ले लिया ।

4 दिसम्बर

आज एक हार दे गये, जो उन्हें समुद्र की परी ने दिया था ।

5 दिसम्बर

आज हम लोगों में बहुत खटक गयी । 'ये' नहीं चाहते कि हातिम भाई यहाँ आयें । और उनका सोचना भी ठीक है । हातिम भाई उनके सामने आते हैं तो 'बोर' करते हैं और ग़ैरहाज़िरी में आते हैं, तो बदनामी फैलती है। 'ये' सारा दोष मेरे माथे मढ़ते हैं । पर मैं क्या करूँ ? मैं उन्हें बुलाने तो जाती नहीं । 'इनके' मन में कुछ शक भी तो पैदा हो सकता है । मैं तो यह सोचकर काँप जाती हूँ । मैंने इन्हें समझाया कि इसमें हातिम भाई का कोई वैसा इरादा नहीं मालूम होता । उनके साथ मुसीबत यह है कि वे परोपकार किये बिना रह नहीं सकते । उनकी आदत ही पड़ गयी है । ये

कहने लगे कि यह तो ठीक है पर वे हमारी तो आफ़त किये हैं। किसी तरह उनसे पिण्ड छूटना चाहिए। यह तभी हो सकता है, जब या तो हम दूसरे शहर में बस जायें या वे कहीं चले जायें। हम लोगों ने आज बड़ी देर तक सलाह की। 'इनका' कहना है अगर हातिम भाई को किसी के काम में फँसा दिया जाये, तो वे चले जायेंगे। इनके मन में कोई योजना है। मुझसे इन्होंने चौदह सवाल बनवाये हैं--- मेरे उन सात सवालों से भी कठिन। मैंने चौदह सवाल एक काग़ज़ पर लिखकर इन्हें दे दिये हैं और ये कहते हैं कि मैं अब हातिम को कहीं दूर भेज दूँगा। पता नहीं इनके मन में क्या है।

16 दिसम्बर

आज ये दफ़्तर नहीं गये। दोपहर में हातिम भाई आये। पुकारा, "मुनीरशामी है क्या ?" इन्होंने जवाब दिया, "हाँ, हूँ, हातिम भाई ! आइए।" वे आकर बैठ गये। बोले, "आज तुम दफ़्तर नहीं गये ?" ये बोले, "नहीं, हातिम भाई, मैं बड़ा परेशान हूँ। मेरा एक साथी बड़ी मुश्किल में है। उसकी ज़िन्दगी ही बरबाद हो रही है।"

यह सुनते ही हातिम भाई के शरीर में बिजली दौड़ गयी। उनके हाथ-पाँव फड़कने लगे। बोले, "किस मुश्किल में है ? कौन उसकी ज़िन्दगी बरबाद कर रहा है ?"

इन्होंने कहा, "वह एक अभागा क्लर्क है। उसकी एक लड़की से मुहब्बत हो गयी है। लड़की बहुत ख़ूबसूरत और नेकचलन है। पर उसका प्रण है कि वह शादी उससे करेगी जो उसके सवालों का जवाब देगा।"

हातिम भाई बोले, "यह तो ठीक हुस्नबानो की तरह है। सात सवाल हैं उसके ?"

"नहीं, चौदह हैं। उसने चौदहों सवाल लिखकर दे दिये हैं। बेचारा मुंशी तो उन्हें देखकर ही चकरा गया। उससे तो एक सवाल का जवाब भी नहीं बनेगा। बहुत रो रहा था बेचारा। कल कहने लगा कि मैं खुदकुशी कर लूँगा। मैंने कहा कि सवाल मुझे दे—मैं हातिम भाई से सलाह लूँगा।"

हातिम भाई उत्तेजित हो उठे। बोले, "हातिम के रहते कोई नेकदिल परेशान नहीं होगा। लाओ, कहाँ हैं सवाल ? उससे कह दो कि हातिम सब

सवालों के जवाब देगा और उसकी शादी अपने सामने करायेगा ।''

इन्होंने मेरा लिखा हुआ काग़ज़ दिया । हातिम भाई ने सवालों को पढ़ा और कहा, ''ठीक है । मैं चला । अब न जाने कब मुलाक़ात होती है ।''

इन्होंने कहा, ''ऐसी जल्दी क्या है, भाई साहब ! ज़रा बैठिए न । उस दिन का वह क़िस्सा अधूरा रह गया था, उसे तो पूरा करते जाइए ।''

हातिम भाई ने पाँव बढ़ाते हुए कहा, ''क़िस्सा फिर कभी पूरा होगा । मैं इसी वक़्त इन सवालों के जवाब देने निकलता हूँ ।''

वे एकदम चल दिये ।

इन्होंने कहा, ''आदमी बहुत अच्छे हैं । पर कभी-कभी ज़्यादा अच्छा आदमी भी तकलीफ़ देने लगता हैं । ख़ैर, कुछ दिन तो चैन मिली ।''

□

आमरण अनशन

[सन् 3002 में प्रकाशित एक पुस्तक 'हमारे महान् पूर्वज' से एक अध्याय यहाँ उद्धृत किया जा रहा है । पुस्तक की भूमिका में लिखा है : "...हमारे पूर्वजों की महानता इतिहास के पृष्ठों पर स्वर्णाक्षरों में अंकित है । उनकी दृढ़ता, त्याग और चारित्रिक उच्चता की कुछ झलक इस पुस्तक में मिलेगी । ये चरित्र दीप-स्तम्भ की तरह किशोरों के पथ को आलोकित करेंगे ।]

सन् 1960 की बात है । किसी शहर के नगरपालिका के अध्यक्ष उस समय गोबर्धन बाबू थे । वे अपनी समाज-सेवाओं के लिए प्रसिद्ध थे और उनके कार्यालय में नगरपालिका के पदों पर उनके रिश्तेदार ही नियुक्त हुए थे। नगरपालिका के ठेके भी उनके परिवार में ही जाते थे । उसी नगर में एक बड़े थोक कपड़े के व्यापारी सेठ किशोरीलाल रहते थे । वे बड़े धार्मिक आदमी थे और गोबर्धन बाबू की कृपा से उनका कपड़ा बिना चुंगी के आ जाता था । स्वाभाविक है कि दो सज्जनों में मित्रता होगी ।

एक दिन गोबर्धन बाबू सेठ किशोरीलाल के पास बैठे थे । सेठजी ने उनसे शिकायत की कि नया चुंगी दरोगा कभी-कभी तंग करता है । गोबर्धन बाबू ने कहा, "आपने ठीक किया जो मुझसे शिकायत कर दी । मैं कर्मचारियों की शिकायतें खुद सुनना चाहता हूँ । मैं उसे सज़ा दूँगा ।"

यहाँ-वहाँ की बातें करके गोबर्धन बाबू ने कहा, "सेठजी, भगवान् ने आपको सब कुछ दिया है—सम्पत्ति, प्रतिष्ठा, पुत्र, पुत्री, सुखी परिवार । बस, एक ही चीज़ की कमी रह गयी है ।"

किशोरीलाल ने पूछा, "वह क्या ?"

गोबर्धन बाबू ने कहा, "यही कि अभी तक आप अमर नहीं हुए । आप को अब अमर हो जाना चाहिए ।"

सेठजी ने दार्शनिक अन्दाज़ से कहा, "सो कैसे होगा ? दुनिया में कौन अमर हुआ है । आया है सो जायेगा, राजा, रंक, फ़क़ीर ।"

गोबर्धन बाबू बोले, "नहीं, मेरा मतलब है कि आपका नाम अमर हो जाये। आपकी मृत्यु के बाद भी नाम चले।"

सेठजी ने निहायत भोले ढंग से कहा, "सो तो चलेगा ही। लड़का बल्दियत में मेरा ही नाम लिखायेगा और दूकान के साइनबोर्ड में भी मैं अपना नाम डलवा लूँगा।"

गोबर्धन बाबू ने कहा, "सो तो ठीक है। पर मेरा मतलब है कि आप सार्वजनिक रूप से अमर हो जायें। शताब्दियों तक लोग आपके नाम को जानें और आपकी प्रशंसा करें।"

किशोरीलाल ने कहा, "हाँ, अमर तो मुझे होना है। पर यह होगा कैसे? मैंने तो ऐसा कोई काम नहीं किया है कि..."

गोबर्धन बाबू ने बीच में ही टोका, "वह मेरे ऊपर छोड़ दीजिए। ऐसी तरकीब सोची है कि थोड़े-से खर्च से ही आप अमर हो जायेंगे। नगरपालिका ने निश्चय किया है कि 'आज़ाद मैदान' में गांधीजी की एक मूर्ति स्थापित की जाये। मूर्ति लगभग तीन-चार हज़ार रुपयों में बनेगी। आप एक मूर्ति खरीद कर नगरपालिका को भेंट कर दें। मूर्ति के चबूतरे पर आपका नाम खुद जायेगा। शताब्दियों तक जो गांधीजी को जानेगा, वह आपको भी जानेगा। गांधीजी के साथ आपका नाम लिया जायेगा। लोग श्रद्धा से मस्तक झुकायेंगे।"

सेठजी सोचने लगे।

गोबर्धन बाबू ने ज़ोर लगाया, "मूर्ति का अनावरण हम भैया साहब से करायेंगे। भैया साहब को आप जानते ही हैं। काँग्रेस में आजकल उन्हीं की चलती है। चाहे जिसे एम.एल.ए. और मन्त्री बना देते हैं। अगर आप से प्रसन्न हो गये, तो आगामी चुनाव में एम.एल.ए. बनवा देंगे--- मन्त्री भी बना सकते हैं। ज्ञानियों ने कहा है कि काम ऐसा करना चाहिए जिससे यह जन्म भी सुधरे और अगला जन्म भी।"

किशोरीलाल ने निर्णय करने में अब विलम्ब नहीं किया। बोले, "जैसी आपकी इच्छा। मुझे मंज़ूर है। आप मूर्ति बनवा लीजिए। पैसा मैं दे दूँगा।"

मूर्ति बन गयी। 'आज़ाद मैदान' में एक चबूतरे पर कपड़े से ढाँककर

रखी गयी । भैया साहब से गोबर्धन बाबू ने मूर्ति के अनावरण का समय तय कर लिया ।

गोबर्धन बाबू ने मूर्ति के आस-पास एक चौकोर बाड़ी लगवायी थी जिस में मूर्ति के सामने एक छोटा-सा फाटक था ।

अनावरण के एक दिन पहले सुबह गोबर्धन बाबू एक कारीगर को ले कर गये और चबूतरे पर फाटक की ओर खुदवाने लगे—'बाबू गोबर्धन दास के प्रयत्न से उनके कार्यकाल में स्थापित' अक्षर खुदना शुरू हो ही रहा था कि सेठजी वहाँ पहुँचे । कहने लगे, "क्या खुदवा रहे हो ?" उन्होंने कारीगर के हाथ से काग़ज़ ले लिया । पढ़ते ही उनका मुँह लाल हो गया । बोले, "यह क्यों खुदेगा ? मूर्ति मेरी है कि आपकी ?"

गोबर्धन बाबू ने कहा, "हाँ, हाँ तो आपका नाम भी तो खुदेगा ।"

"कहाँ खुदेगा ?" सेठजी ने पूछा ।

गोबर्धन बाबू ने मूर्ति के पीछे की तरफ़ दिखाकर कहा, "यहाँ, इस जगह।"

सेठजी ने कहा, "जी ? जिसने पैसा दिया, उसका नाम पीछे खुदेगा और जिसने एक कौड़ी नहीं दी, उसका नाम सामने खुदेगा । लोग फ़ाटक से घुसें तो पहले आपका नाम देखें !"

गोबर्धन बाबू ने समझाया, "आखिर मैं नगरपालिका का अध्यक्ष हूँ, इस शहर का प्रथम नागरिक । आख़िर मेरी भी तो कोई प्रतिष्ठा है !"

सेठ ने कहा, "सो सब मैं समझता हूँ । किशोरीलाल को उल्लू बनाना आसान नहीं है । आप सुन लीजिए, इधर फ़ाटक की तरफ़ मेरा नाम खुदना चाहिए । अगर ऐसा नहीं होगा, तो मैं मूर्ति उठाकर घर ले जाऊँगा ।"

गोबर्धन बाबू ने हार मान ली । उन्होंने फाटक की तरफ़ सेठ किशोरीलाल का नाम खुदवाया और पीछे अपना । अभी खुदाई चल ही रही थी कि एक आदमी भैया साहब की चिट्ठी लेकर आया । गोबर्धन बाबू चिट्ठी पढ़कर मुसकराये और उसे सेठजी की तरफ़ बढ़ा दिया । सेठजी ने चिट्ठी पढ़ी। भैया साहब ने लिखा था, "मेरा अनुभव है कि लोग उद्घाटनकर्ता का नाम और नामों के साथ मिलाकर खुदवा देते हैं । यह ग़लत है । उद्घाटनकर्ता का नाम सबसे प्रमुख स्थान पर अलग होना चाहिए । फाटक से प्रवेश करते

ही दर्शक को उद्घाटनकर्ता का नाम दिखना चाहिए ।''

गोबर्धन बाबू ने कहा, ''अब ?'' कुछ इस तरह, जैसे इस हथियार से सेठजी को परास्त कर देंगे । पर सेठजी ने अविचल भाव से कहा, ''अब क्या ?'' मूर्ति के दाम मैंने दिये हैं कि भैया साहब ने ? उनका नाम इस बायीं तरफ़ खुदवा दो ।''

सेठजी चले गये और गोबर्धन बाबू ने बड़े गिरे मन से नाम खुदवाये ।

सुबह अनावरण समारोह होना था । रात-भर गोबर्धन बाबू इन्तज़ाम करवाते रहे । शामियाने गड़े, बैठने का इन्तज़ाम हुआ । मूर्ति के आस-पास सजावट हुई ।

थोड़े पहले सेठ किशोरीलाल आ गये । वे सीधे मूर्ति के पास गये और एकदम चौंक उठे, जैसे बिजली का तार छू लिया हो । उन्होंने देखा कि रात-भर में सामने का फाटक बन्द करवाकर मूर्ति के पीछे की तरफ़ फाटक बनवा लिया गया है । उनका नाम फिर पीछे हो गया था और गोबर्धन बाबू का आगे ।

सेठजी ने पुकारा, ''इधर आओ, गोबर्धन बाबू !''

गोबर्धन बाबू सहमते हुए आये । सेठजी ने कहा, ''तुमने फिर मेरे साथ धोखा किया । तुम्हारी बदमाशी की कोई सीमा है ? रातोंरात तुमने पीछे की तरफ़ फाटक क्यों बनवा दिया ?''

गोबर्धन बाबू समझाने लगे, ''बात यह है कि महापुरुष के सामने एकदम नहीं जाना चाहिए । अब दर्शक पहले पीछे की तरफ़ आयेगा, फिर बगल से होते हुए मूर्ति के सामने...''

''...और तुम्हारा नाम पहले देखेगा । देखो गोबर्धन बाबू, जब तक फाटक फिर मेरे नाम की तरफ़ नहीं होगा, मैं यह समारोह नहीं होने दूँगा । वरना मैं मूर्ति उठाकर घर ले जाऊँगा ।'' सेठजी ने घोषणा कर दी ।

भीड़ उमड़ रही थी । बहुत से लोग मूर्ति के पास भी आ गये थे और इस विवाद को सुन रहे थे ।

इसी समय भैया साहब की मोटर रुकी । वे सीधे मूर्ति के पास पहुँचे और बोले, ''गोबर्धन बाबू, अब देर क्यों हो रही है ?''

किशोरीलाल ने कहा, ''भैया साहब, जब तक फाटक उस तरफ़ नहीं हो

जाता, मैं समारोह नहीं होने दूँगा । मैं यहीं न्याय के लिए आमरण अनशन कर दूँगा ।''

गोबर्धन बाबू ने भी दृढ़ता से कहा, ''नहीं । फाटक यहीं रहेगा । न्याय के हेतु मैं भी आमरण अनशन कर दूँगा ।''

भैया साहब ने स्थिति को समझा और बोले, ''आप दोनों ग़लत हैं । फाटक उस तरफ़ होना चाहिए, जिधर मेरा नाम खुदा है । यहाँ सबसे महत्त्वपूर्ण कार्य मेरा है । ये हज़ारों आदमी तुम्हारे लिए नहीं, मेरे लिए आये हैं । और आपने मेरा नाम बग़ल में खुदवा दिया है ? फाटक अभी इस तरफ़ बनवाइए ।''

अब संघर्ष तिकोना हो गया । सेठजी और गोबर्धन बाबू की परीक्षा की घड़ी थी । वे अपने निश्चय पर दृढ़ थे । दोनों ने कहा, ''नहीं, ऐसा नहीं हो सकता ।''

यह सुनते ही भैया साहब मंच पर चढ़ गये और उपस्थित जन-समूह को सम्बोधित करने लगे, ''मित्रो और साथियो, एकाएक एक नैतिक समस्या खड़ी हो गयी है । समस्या यह है कि फाटक किसके नाम की तरफ़ हो ? सेठ किशोरीलाल, गोबर्धन बाबू और आपके इस क्षुद्र सेवक में-से प्रत्येक का विश्वास है कि फाटक उसके अपने नाम की तरफ़ होना चाहिए । हम तीनों सत्य पर हैं । सत्य के कई मुख होते हैं, कोई किसी मुख को देखता है, और कोई किसी और को । पर प्रश्न यह है कि किसका सत्य सबसे प्रधान है। प्रश्न कठिन है, पर कोई प्रश्न इतना कठिन नहीं है, जो अहिंसात्मक रीति से न सुलझाया जा सके। इस हेतु हम तीनों ने यहीं आमरण अनशन करने की शपथ ले ली है। हम एक-दूसरे पर नैतिक प्रभाव डालकर उसका हृदय परिवर्तन करने का प्रयास करेंगे। जो शेष, दो के हृदय बदलने में सफल होगा, उसके नाम की तरफ़ फाटक हो जायेगा। दोस्तो, आपका कर्त्तव्य यह है कि आप तुरन्त एक शान्ति-समिति बनायें जो पहले हमें मालाएँ पहनाये और फिर यहाँ घी के दीप जलवा कर अखण्ड 'राम धुन' का प्रबन्ध करे। शान्ति-समिति का कर्त्तव्य है कि वह इस उपवास का प्रचार करे और साथ ही यह भी देखे कि हम तीनों अनशन के नियमों का पालन कर रहे हैं या नहीं। सबसे ज़रूरी काम यह है कि शान्ति-समिति अभी हममें से हर एक से पूछ ले कि वह किस के हाथ से मुसम्मी का रस लेकर उपवास तोड़ेगा । जहाँ तक मेरा प्रश्न है,